POCHES PRATIQUE
ODILE JACOB

W0359076

# SOIGNER LE STRESS ET L'ANXIÉTÉ PAR SOI-MÊME

DU MÊME AUTEUR
CHEZ ODILE JACOB

*L'Enfant et l'adolescent anxieux. Les aider à s'épanouir*, 2005.

DR DOMINIQUE SERVANT

# SOIGNER LE STRESS ET L'ANXIÉTÉ PAR SOI-MÊME

Odile Jacob
pratique

© Odile Jacob, 2003, février 2008
15, rue Soufflot, 75005 Paris

www.odilejacob.fr

ISSN : 1767-2384
ISBN : 978-2-7381-2054-0

Le Code de la propriété intellectuelle n'autorisant, aux termes de l'article L.122-5, 2° et 3° a, d'une part, que les « copies ou reproductions strictement réservées à l'usage privé du copiste et non destinées à une utilisation collective » et, d'autre part, que les analyses et les courtes citations dans un but d'exemple et d'illustration, « toute représentation ou reproduction intégrale ou partielle faite sans le consentement de l'auteur ou de ses ayants droit ou ayants cause est illicite » (art. L. 122-4). Cette représentation ou reproduction, par quelque procédé que ce soit, constituerait donc une contrefaçon sanctionnée par les articles L. 335-2 et suivants du Code de la propriété intellectuelle.

# *Sommaire*

## TROISIÈME PARTIE
## Pourquoi êtes-vous anxieux ?

## QUATRIÈME PARTIE
# L'enfant et l'adolescent anxieux



# Annexes

# *Introduction*

« Je me fais du souci pour tout, j'ai tout le temps peur qu'il m'arrive quelque chose. Si mes enfants ou mon mari sont en retard, j'imagine toujours qu'ils ont eu un accident. »

« Je me sens tendu, survolté, je n'arrive pas à lâcher prise. Ce stress permanent m'empêche de vivre pleinement les choses. Plus ça va, plus je suis irritable et agressif. »

« Tous les dimanches, je me retrouve seule et c'est l'angoisse… »

Ces phrases, je les entends de plus en plus souvent, lors de mes consultations. Elles montrent que nous sommes de plus en plus nombreux à être touchés par le stress et l'anxiété. À en croire une enquête récemment publiée, deux salariés sur trois se disent stressés par leurs conditions de travail. Des études scientifiques réalisées en Europe et aux États-Unis estiment aujourd'hui que 25 % de la population souffrirait d'une anxiété gênante au cours de sa vie. Les Français sont du reste les premiers consommateurs de tranquillisants au monde. Il est donc urgent de reconnaître ces maladies que génèrent le stress et l'anxiété et d'aider tous ceux qui en souffrent.

## *De quoi parlons-nous ?*

Nous sommes tous concernés, enfants comme adultes, toutes classes sociales confondues, actifs ou retraités, que l'on vive à la ville ou à la campagne. Mais ces deux mots, stress et anxiété, si couramment montrés du doigt comme fléaux de la vie moderne, désignent-ils la même chose ? Pas tout à fait, même si ce sont deux états voisins, étroitement liés.

• Le stress est une réaction de notre corps et de notre psychisme face à un danger ou à un événement qui demande que nous fassions un effort d'adaptation. Cela va des petits tracas quotidiens à des bouleversements plus sérieux comme un divorce ou un licenciement. On sait mieux aujourd'hui comment l'organisme se défend en mobilisant les hormones et le système immunitaire ; on connaît le rôle primordial que jouent le cerveau et les émotions. Lorsque le stress est excessif, il devient dangereux et l'on risque de tomber malade, malade du stress.

• L'anxiété est une conséquence du stress. Certains sont anxieux « par nature », en dehors de toute cause extérieure, mais on sait aujourd'hui que l'anxiété est la première conséquence psychologique du stress. Nous sommes tous des anxieux, plus ou moins. Mais passé une certaine limite, on entre dans le domaine de l'anxiété maladive qui constitue un vrai problème de santé.

## *Quand l'anxiété devient toxique*

Le retentissement du stress et de l'anxiété sur notre santé est considérable : Hélène est aujourd'hui certaine que si son mari a eu un problème cardiaque, c'est à cause du stress qui le ronge depuis des années dans son travail. « Aujourd'hui, ça va beaucoup mieux, mais il a encore du mal à changer ses habitudes et reste très anxieux face à l'avenir. »

Dans des problèmes de santé moins graves, le stress est aussi en cause. Béatrice est toujours hyperactive comme s'il fallait aller toujours plus vite, et cela se traduit par des crises d'herpès récidivant dont elle ne veut parler à personne. Les maladies de peau, les problèmes cardiaques, digestifs, articulaires, toutes ces maladies que l'on appelle psychosomatiques, mais aussi le mal au dos, l'insomnie et la fatigue peuvent être déclenchés et aggravés par le stress.

L'anxiété n'est pas un problème de santé tout à fait comme les autres dans le sens où elle peut prendre différents visages et qu'elle n'est pas toujours facile à reconnaître. Beaucoup de personnes qui consultent leur médecin pour de la fatigue, des douleurs ou des symptômes comme des palpitations ou des vertiges souffrent en fait d'anxiété. Le mal-être diffus et inexplicable dont se plaignent aujourd'hui beaucoup de gens est souvent le témoignage de l'anxiété.

C'est pour cela qu'il est indispensable de reconnaître l'anxiété : si l'on ne fait rien, elle s'aggrave au fil de la vie et il devient de plus en plus difficile de s'adapter aux exigences et aux événements stressants de la vie. Elle devient alors dangereuse pour la santé et peut conduire à la déprime, à la dépendance à l'alcool, aux drogues ou aux médicaments. Dans certains cas, elle peut à son tour même déclencher ou aggraver des maladies, nous entraînant dans un cercle vicieux dont il est difficile de s'échapper.

## *L'anxiété n'est pas une fatalité*

Certains diront : « Je suis comme ça, on ne peut rien y changer. » Il est pourtant possible d'agir et de changer le cours des choses. Il est clair qu'aucun remède unique ne peut répondre seul au mal-être anxieux. On ne peut pas non plus supprimer tous les stress de la vie. La solution passe avant tout par soi-même et par un profond désir de changer les choses. Chacun peut être l'acteur principal et le moteur de ce changement. Parfois, on y parviendra seul en mobilisant ses propres ressources. Dans d'autres cas, on pourra se faire aider tout en gardant une part active dans le changement.

Ce livre vise à vous accompagner, à vous éclairer et à vous conseiller dans cette démarche. Conçu comme une sorte de boîte à outils pour vous permettre de faire face à l'anxiété et au stress excessifs, il propose quatre parties distinctes qui peuvent être abordées de façon indépendante.

• La première partie va vous aider à repérer comment le stress et l'anxiété empoisonnent votre vie quotidienne, en touchant à la fois le physique et le mental. Vous apprendrez à reconnaître les signes physiques et psychologiques, les émotions et les comportements qui participent à la spirale de l'anxiété. Vous pourrez faire votre autodiagnostic, évaluer votre niveau d'anxiété et analyser comment vous réagissez au stress.

• Dans la deuxième partie, vous trouverez une aide concrète pour vous en sortir par vous-même. Les techniques antistress et antianxiété vous seront expliquées afin que vous puissiez facilement les utiliser dans la vie de tous les jours. Vous trouverez également des conseils concernant les professionnels vers qui vous pourrez vous diriger et ce que vous devez savoir pour le bon usage des médicaments. Ensuite, si vous choisissez de vous engager dans une psychothérapie, vous trouverez un guide complémentaire au suivi avec votre thérapeute.

• La troisième partie tente de répondre à la question que se posent de nombreuses personnes : « Mais pourquoi suis-je anxieux et d'où cela vient-il ? » Différentes hypothèses touchant au tempérament, à l'hérédité, à l'éducation et à la famille sont abordées et chaque lecteur pourra trouver des pistes qui l'aideront à mieux comprendre l'origine de son anxiété.

• Enfin, la quatrième partie est consacrée entièrement au stress et à l'anxiété de l'enfant et de l'adolescent. Elle concerne beaucoup de parents qui ne savent pas comment faire pour aider leur enfant ou leur ado anxieux. Ces informations les aideront à reconnaître les signes d'alarme et à savoir comment agir et vers qui s'orienter quand il le faut.

Ce guide va vous accompagner durant quelques mois de votre vie : plongez-vous dedans, un peu chaque jour. N'essayez pas de tout lire d'une traite et puis de le refermer. Repérez tout d'abord, parmi les nombreux exemples, ceux dans lesquels vous vous reconnaissez. N'hésitez pas à relire certains passages importants et à mettre en application des recommandations pratiques et des exercices qui vous sont proposés.

Ensuite, intéressez-vous à d'autres points qui vous aideront à pratiquer de nouveaux exercices. Prenez du recul et le temps suffisant pour réfléchir. Soyez persévérant et ne vous découragez pas, il faut un certain temps pour sortir du cercle vicieux du stress et de l'anxiété. Au bout du compte, vous verrez que votre vie en sera changée.

PREMIÈRE PARTIE

# Le stress et l'anxiété vous concernent

Chapitre 1

# *Comment l'anxiété et le stress vous gâchent la vie*

« Tant que l'homme se saura mortel, il ne sera pas totalement décontracté. »

Woody ALLEN.

## Quand l'anxiété n'est plus normale

L'anxiété est normale, nous la vivons tous face à un événement dont nous ne connaissons pas le dénouement (examen, opération, changement de vie, etc.) ou lorsque nous nous sentons menacés pour notre avenir. Elle nous accompagne tout au long des moments difficiles de notre vie.

Mais l'anxiété n'est plus normale lorsqu'elle devient excessive et empêche de vivre pleinement sa vie. Elle se traduit par un mal-être que l'on ressent à l'intérieur de soi. Elle va alors toucher tous les événements, même les plus banals. Sans raison apparente, l'anxieux imagine toutes les catastrophes qui pourraient lui arriver. Par exemple, si un proche est en retard, il ne pourra se chasser de l'esprit qu'il a pu avoir un accident ou qu'il lui est arrivé quelque chose de grave. Il finit par s'inquiéter de tout et vivre dans l'attente permanente du pire.

L'anxieux a bien conscience que tout cela est exagéré et que l'on doit vivre les incertitudes de l'existence, mais c'est plus fort que lui, il ne peut faire autrement. L'anxiété maladive est envahissante et il devient très difficile voire impossible de la maîtriser.

> Lorsque tout devient un motif d'inquiétude et d'appréhension et qu'un mal-être est ressenti à l'intérieur de soi, la frontière de l'anxiété normale est franchie.

*« Je ne comprends pas ce qui m'arrive : mes proches me disent de réagir et je ne peux pas, je me laisse dominer par mon anxiété. Si ma fille sort le soir, je sens que ça monte, je ne suis pas décontractée tant qu'elle n'est pas rentrée. Je ne me sens jamais tranquille, j'ai toujours cette boule à l'intérieur de moi et tout finit par m'angoisser. J'ai beau essayer de comprendre, mais je ne vois pas d'où cela vient. Dès que je me réveille c'est comme si mon cerveau était en ébullition, j'essaie de penser à autre chose, mais ce n'est pas possible, j'ai l'angoisse de ne pas savoir ce qui va m'arriver. »*

## *Comment savoir si votre anxiété est « maladive » ?*

Posez-vous ces trois questions pour repérer si votre anxiété est normale ou non :

— Suis-je anxieux pour des choses sans importance ou même sans raison ?

— Est-ce que mon anxiété me gêne dans ma vie de tous les jours ?

— Est-ce que je peux contrôler mon anxiété et m'en détacher quand je le veux ?

Si vous avez répondu oui à ces trois questions, vous êtes probablement anxieux. Vous pouvez examiner attentivement ce qui distingue l'anxiété normale de l'anxiété pathologique.

Pour les personnes qui ne souffrent pas de cette anxiété excessive, il est parfois difficile de comprendre les anxieux : s'il y a dans la vie des menaces et des dangers, pourquoi y penser quand cela ne vous concerne pas ? Pourquoi aller chercher autant de complications et toujours penser que le pire va arriver ? Ce qu'il faut bien comprendre, c'est que l'anxiété est une véritable souffrance. L'anxieux ne le fait pas exprès et ne se complaît pas dans son mal-être.

| **L'ANXIÉTÉ NORMALE** | **L'ANXIÉTÉ PATHOLOGIQUE** |
| --- | --- |
| Concerne les soucis quand ils se présentent. | Touche beaucoup de choses sans importance, parfois même il n'y a aucune raison repérable. |
| Les soucis sont ponctuels et contrôlables.<br>On peut facilement les ôter de son esprit. | Les soucis sont jugés excessifs, incontrôlables, durables et envahissants. |
| Le niveau d'anxiété est en rapport avec le problème rencontré (tout le monde ressentirait à peu près la même chose). | Le niveau d'anxiété est démesuré par rapport au danger réel. |
| On ne se sent pas trop mal physiquement. | On est gêné et on ressent des difficultés physiques comme de la fatigue, une tension des muscles, des palpitations, une boule dans la gorge… |
| L'anxiété aide à faire face, à trouver des solutions aux problèmes et n'est pas une gêne. | Elle empoisonne le quotidien et consomme de l'énergie ; elle empêche de profiter pleinement des plaisirs quotidiens. |
| Elle n'entraîne ni gêne ni handicap ni souffrance marquée. | Elle entraîne un retentissement et une gêne marquée dans la vie sociale et professionnelle.<br>Elle perturbe la qualité de la vie. |

## *Des craintes ni honteuses ni anormales, mais excessives*

Pour ceux qui en souffrent, l'anxiété ne doit pas susciter de honte ni être considérée comme tabou. Pourtant, c'est seulement depuis quelques années qu'elle a été reconnue comme une véritable souffrance. Avant, peu de personnes osaient en parler, même à leur entourage de peur qu'on les prenne pour des fous. Aujourd'hui, même s'il reste encore beaucoup de points à améliorer dans la reconnaissance et le soin de cette maladie, de nombreuses personnes acceptent d'en parler.

On retrouve chez l'anxieux des craintes communes à chacun de nous, mais celui-ci va les vivre de façon exagérée. Ces angoisses sont de divers ordres, elles le concernent, lui ou son entourage, et sont souvent liées les unes aux autres. Certaines touchent les événements les plus graves de la vie, d'autres les tracas ou les stress du quotidien. Parfois, ce qui est redouté est beaucoup plus flou qu'un simple événement, c'est une préoccupation plus personnelle qui a trait à sa propre existence et à des sujets plus profonds comme rater sa vie, ne pas trouver l'amour, ne pas réussir professionnellement ou ne pas être heureux…

**LES PEURS DE L'ANXIEUX**

L'anxieux redoute ce que nous redoutons tous pour lui et ceux qu'il aime, mais de façon exagérée. Parmi les craintes les plus fréquentes, pour lui ou pour ses proches, on trouve :

— la peur de mourir,
— la peur de tomber malade,
— la peur d'un accident,
— la peur d'une catastrophe,
— la peur d'un attentat ou d'une guerre,
— la peur de perdre son travail,
— la peur de manquer d'argent,
— la peur de l'avenir,
— la peur de ne pas réussir…

## Comment ressentez-vous l'anxiété ?

Il n'est pas toujours facile d'exprimer par des mots l'anxiété que l'on ressent. Beaucoup de personnes anxieuses parlent avant tout d'un mal-être diffus. Il est important de bien reconnaître que l'anxiété s'exprime dans quatre dimensions :

— psychologique,
— physique,
— émotionnelle,
— comportementale.

## *Une façon de penser particulière*

*Béatrice s'inquiète beaucoup pour sa mère qui a 70 ans et vit seule depuis le décès de son mari. Elle ne peut s'empêcher de lui répéter : « Préviens-moi s'il y a quelque chose. » Quand sa mère l'appelle au téléphone, elle commence par un « qu'y a-t-il ? » qui en dit long sur son inquiétude. Si Béatrice reconnaît qu'elle s'inquiète beaucoup, lorsqu'on tente de la rassurer en lui disant que sa mère est en parfaite santé, elle s'en défend en disant : « Ça arrive tous les jours les accidents. »*

Il est normal de se préoccuper pour ses parents, surtout quand ils vieillissent et quand ils ont des problèmes de santé. Mais l'anxiété de Béatrice est exagérée dans le sens où la moindre incertitude est interprétée comme un événement menaçant. Si elle tombe sur le répondeur, à aucun moment, spontanément, elle ne dira : « maman est certainement sortie, je rappellerai plus tard ». Elle va plutôt penser : « ce n'est pas normal qu'elle ne soit pas là à cette heure, il lui est certainement arrivé quelque chose ». Il est toujours possible qu'un incident survienne un jour, mais le problème de Béatrice, c'est de toujours penser qu'une catastrophe va arriver.

### ➤ Quelles sont ces pensées anxieuses dont on ne peut se défaire ?

« Et s'il arrivait quelque chose ? » « Il ne faut pas que j'oublie de faire ceci ou cela… »

L'anxieux se pose tout le temps des questions. Il ressasse les mêmes pensées dans sa tête, parfois sans s'en rendre compte. À une première pensée s'enchaîne une autre pensée, automatiquement, sans qu'il puisse les stopper. Il analyse, interprète, dissèque les faits actuels et à venir en se posant de nombreuses questions auxquelles il ne peut souvent répondre, et qui en amènent d'autres. L'anxieux a une activité mentale intense et rumine sans cesse. Voyons quelle est la nature précise de ses pensées.

• *Je m'imagine toujours le pire* : c'est la pensée centrale, au lieu de voir le bon côté des choses, l'anxieux a une fâcheuse tendance à penser à la pire éventualité. Par exemple, le fait qu'un proche s'éloigne de la maison conduit à penser qu'il peut avoir un accident. Si un enfant a de la fièvre, une mère anxieuse pense tout de suite à une maladie grave plutôt qu'à une probable rhinopharyngite.

• *J'anticipe et je me projette dans le futur* : l'anxieux s'interroge sur les choses à venir, plutôt que de vivre dans l'ici et maintenant. Sans savoir ce qui va arriver, toutes les éventualités possibles sont passées en revue. Par exemple : « et si je faisais ça, mais si ça ne marche pas, alors je devrais plutôt faire ça ».

• *Je me perds dans les détails* : au lieu de se centrer sur l'essentiel, l'anxieux analyse minutieusement des choses qui n'ont pas d'importance ou ne sont pas prioritaires. Il va s'attarder par exemple sur des détails qui lui feront perdre beaucoup de temps et parfois oublier les choses importantes.

• *Je m'interroge sans cesse* : les questions que se pose l'anxieux touchent tous les domaines de la vie. Ce sont souvent des questions concrètes comme : « va-t-il y avoir des embouteillages ? » « vais-je arriver à l'heure à mon rendez-vous ? » mais aussi des interrogations plus personnelles : « qu'est-ce que les autres pensent de moi ? » « je voudrais être autrement ». Ces questions existentielles mènent l'anxieux à des ruminations floues qui ne débouchent sur rien de précis même si elles persistent.

Il est très important de repérer ces pensées et de bien les analyser si l'on veut parvenir à les chasser de son esprit. Ces petites voix intérieures traduisent la façon particulière qu'a l'anxieux d'être au monde, de penser et de raisonner.

### ➤ Comment l'anxieux raisonne-t-il ?

L'anxieux voit les événements extérieurs comme une menace au lieu de voir le bon côté ou de faire la part des choses. Il envisage le « pire du pire ». On pourrait dire que l'anxieux traite des événements extérieurs comme s'ils représentaient un réel danger : il anticipe et s'attend à une catastrophe. Il ne s'agit pas d'un mode de raisonnement absurde ou délirant puisque nous savons tous que les dangers existent et nous essayons de nous en protéger, mais plutôt d'un raisonnement mal adapté qui conduit à exagérer les risques que nous vivons tous.

Les raisonnements de l'anxieux sont les suivants :

• *Je suis toujours à l'affût.* « Le moindre bruit me fait sursauter comme si j'étais prêt à réagir. Je lis ou je regarde un film et parfois je suis en train de penser à tout autre chose. » L'anxieux est hypervigilant et la moindre chose peut être perçue comme une menace. Il a tendance à se focaliser sur ce qui pourrait être un danger, ce qui détourne son attention d'autres informations qui sont importantes. S'il entend une moto qui démarre, il pense automatiquement que l'on tire un coup de feu, s'il sent une odeur étrange en rentrant, tout de suite c'est le gaz ou le feu. Il perçoit beaucoup plus de petites choses et cela peut gêner la concentration, la mémoire ou l'apprentissage. Ceci peut se traduire par une certaine lenteur car l'anxieux doit traiter en même temps l'information pertinente utile et celle liée à l'anxiété inutile.

• *C'est toujours sur moi que ça tombe.* S'il entend à la radio ou à la télévision une information catastrophique (tempête, cambriolage, accident), immédiatement l'anxieux frémit à l'idée que cela pourrait lui arriver aussi. On a beau lui démontrer qu'il s'inquiète sans raison, cela ne change rien. Lorsque nous apprenons une mauvaise nouvelle, nous ressentons une inquiétude qui se dissipe après un temps, mais l'anxieux n'arrive pas à s'en détacher et surtout, il a le sentiment qu'il est plus faible, plus vulnérable et que cela peut tomber sur lui.

• *J'exagère les choses.* Si un violent orage éclate, la foudre ne va pas obligatoirement tomber sur la maison et la brûler. Si l'on a des difficultés financières, cela ne veut pas dire que l'on va être ruiné et emmener sa famille aux restos du cœur pour manger. Si un enfant a une mauvaise note, il ne va pas automatiquement redoubler. Quand un fait survient, l'anxieux recherche automatiquement tout ce qui pourrait arriver de pire. C'est la loi de l'embêtement maximal : s'il y a eu un problème, cela ne va pas s'arrêter, mais au contraire, c'est bien la preuve que le pire est à venir.

• *Je veux tout contrôler.* « J'ai bien pensé à tout ? Qu'est-ce que j'ai bien pu oublier ? » « Il ne faut rien laisser au hasard, je dois tout contrôler si je ne veux pas me laisser piéger. » Un des raisonnements de l'anxieux consiste à croire que plus on contrôle les choses, plus on se protège des dangers. C'est vrai en partie, sauf que dans beaucoup de circonstances, il est impossible de tout contrôler et que ce raisonnement va alimenter des ruminations à propos de tout et de rien.

**LES RAISONNEMENTS DE L'ANXIEUX**

— Penser que c'est toujours sur vous que ça tombe.
— Tirer des conclusions sans preuve.
— Se centrer sur un détail et en oublier le contexte général.
— Généraliser à partir d'un événement.
— Exagérer les conséquences d'un fait.
— Minimiser certains arguments.
— Faire des associations erronées entre les choses.

## *Le vécu physique de l'anxiété*

### ➤ Je suis complètement tendu

La tension est le signe physique le plus constant dans l'anxiété. On se rend bien compte parfois que certains muscles sont « noués » quand on essaye de se relaxer. Parfois, on ressent une vraie douleur dans certaines parties du corps comme dans la poitrine, le ventre ou la tête ; dans d'autres cas, elle est plus diffuse sans localisation précise. On peut ressentir aussi une impression plus floue, comme si ça bouillonnait à l'intérieur, comme si on avait une « pile électrique ». Cette tension gêne considérablement l'action et entraîne un mal-être général. On verra combien il est important d'apprendre à se relaxer pour réduire l'anxiété.

**EXERCICE : REPÉREZ VOS POINTS DE TENSION**

Avant même d'essayer d'apprendre à vous relaxer, il vous faut bien repérer vos points de tension musculaire. Parfois, ils sont évidents en raison de douleurs et de contractures. Dans d'autres cas il faut les rechercher. Pour cela, n'hésitez pas à faire cet exercice.

— Installez-vous confortablement sur une chaise, bien au calme, fermez les yeux et ne pensez à rien.

— Passez en revue tous les groupes musculaires en vous concentrant sur eux et en les imaginant : les mains, les avant-bras, les bras, le visage, le front, la bouche, le cou, les épaules, le haut du dos, le creux des reins, le bas du dos, les fesses, les cuisses, les mollets, les pieds.

— Refaites cet exercice, et repérez les muscles relaxés et ceux qui restent tendus. Vous verrez que cela vous aidera pour pratiquer plus tard les exercices de relaxation, en vous habituant à vous concentrer sur votre corps sans penser à rien.

### ➤ Je suis mal dans mon corps

*Marc, 25 ans, est très inquiet pour sa santé. Alors qu'il est sportif et qu'il n'a aucun problème, il a ressenti à plusieurs reprises des pointes au cœur et une oppression dans la poitrine. Tous les examens sont normaux, mais il reconnaît lui-même qu'il est en ce moment complètement survolté, tendu et ne sait pas rester en place. « C'est comme une pile à l'intérieur de moi. » Il ne comprend pas : il n'a pas de raison d'être inquiet et pour lui, tout va bien dans la vie.*

L'anxiété s'accompagne de nombreux signes physiques qui, parfois, sont sur le devant de la scène. Cela conduit l'anxieux à consulter des médecins et à faire des examens (un électrocardiogramme, un examen de sang, une radio...) qui se révèlent normaux.

L'anxiété peut prendre parfois le masque d'un problème aigu qui amène à consulter en urgence ou même appeler le Samu. Dans d'autres cas, les signes physiques sont insidieux et font redouter un problème médical jusqu'au moment où les examens reviennent, négatifs. Mais l'anxieux n'est pas soulagé pour autant : soit il pense que l'on n'a pas trouvé le fond du problème, soit le fait de ne pas savoir l'inquiète encore plus.

Tous les signes physiques de l'anxiété traduisent la mise en tension de certains organes et l'excitation de certains systèmes, sans pour autant qu'il y ait un problème précis. Cela s'apparente à un léger dérèglement qui n'est pas très grave mais qui peut devenir très gênant et avoir des conséquences à terme.

**LES MANIFESTATIONS PHYSIQUES DE L'ANXIÉTÉ**

Les plus fréquentes sont :
— les manifestations cardiaques (palpitations, pointes ou douleurs dans la poitrine) ;
— les manifestations respiratoires (difficulté pour respirer, oppression thoracique) ;
— les sueurs, bouffées de chaleur, rougeurs ;
— les contractures et les douleurs musculaires, les fourmillements ;
— les vertiges, l'impression d'instabilité, les bourdonnements d'oreilles, la vision brouillée, les maux de tête ;
— les manifestations digestives (difficulté à avaler, douleur ou pesanteur abdominale, diarrhée, envie d'aller aux toilettes) ;
— manifestations urinaires (envie fréquente d'aller uriner).

## ➤ Je ne dors plus

*Philippe dort actuellement très mal. Il pense souvent à ce qu'il doit faire le lendemain : il ne doit pas oublier un dossier qu'il a sorti, il doit aussi téléphoner à un client demain vers 10 heures. Il refait le film de sa journée alors qu'il ne peut agir.*

Souvent, les ruminations s'intensifient au moment du coucher et vont conduire à une insomnie dite d'endormissement. Elle est variable, de quelques dizaines de minutes à plus d'une heure dans certains cas. Le fait de se retourner dans son lit et de s'énerver ne fait qu'amplifier le phénomène. Dès que l'engrenage est enclenché, il est difficile de le stopper et on peut difficilement trouver le calme. Certains, après les difficultés pour s'endormir, trouveront un bon sommeil réparateur. Pour d'autres, l'insomnie d'endormissement se prolonge par une nuit très agitée, entrecoupée de réveils et d'endormissements plus ou moins faciles. Des cauchemars, des réveils en sursaut ou des mouvements d'agitation traduisent une anxiété qui ne disparaît pas avec le sommeil. À la longue, le sommeil va complètement se dérégler.

## ➤ Je suis fatigué

*Adeline est « au bout du rouleau ». Comme elle dort mal, elle se réveille déjà fatiguée. Elle arrive à tenir parce qu'elle est toujours sur la brèche, survoltée. Son anxiété l'épuise, elle ne trouve que rarement la quiétude en raison de ses ruminations anxieuses quasi permanentes, à propos de tout et de n'importe quoi, comme elle le reconnaît elle-même.*

La fatigue est l'un des principaux symptômes qui conduit l'anxieux à consulter son médecin généraliste. La fatigue peut bien entendu traduire un problème réel de santé et il faut la prendre en compte. Mais dans beaucoup de cas, elle est le témoin d'un mal-être anxieux. Ses principales causes sont l'épuisement nerveux, le mal-être physique qui use et le fait de mal dormir.

## Les émotions anxieuses

*Quand Pierre-Alain est contrarié ou si l'on n'est pas d'accord avec lui, il se met facilement en colère.*
*Quand on fait un reproche à Alexandra, elle éclate aussitôt en sanglots : elle ne peut supporter l'injustice, elle est hypersensible.*
*Parce qu'elle n'arrive pas à concilier vie professionnelle et vie familiale, Édith se culpabilise dès que quelque chose ne va pas comme elle veut.*
*Parce qu'elle n'a pas encore trouvé le bonheur, Philippine ne s'estime pas, elle a souvent honte d'elle face aux autres.*

L'émotion est un sentiment que nous ressentons, à l'intérieur, et qui s'accompagne d'une sensation qui se traduit physiquement. Par exemple, face à une menace, on ne se dit pas seulement « c'est dangereux », mais on ressent en soi quelque chose que l'on peut traduire par la sensation d'être noué ou d'avoir « les boules ». Chez les personnes anxieuses, ces émotions peuvent perturber profondément le quotidien et les relations avec les autres. Si tout le monde a ressenti de l'énervement, des crises de colères déclenchées pour un rien et à répétition font souffrir autant la personne que l'entourage.

D'autres émotions ne se voient pas et se ressentent à l'intérieur comme la culpabilité, la mauvaise estime de soi, la honte. Si elles ne dérangent pas les autres, elles sont cause de mal-être pour la personne.

Essayez de repérer vos émotions négatives quand vous êtes anxieux et posez-vous ces quelques questions :

Quand je suis anxieux :

— Est-ce que je me mets facilement en colère ?

— Est-ce que je rends les autres responsables de mon anxiété ?

— Est-ce que j'en veux aux autres ?

— Est-ce que je m'en veux à moi-même ?

— Est-ce que je ne m'estime pas beaucoup d'être comme cela ?

> Les émotions négatives sont des débordements de l'anxiété qui ne sont pas appropriés et qui ne font que la renforcer. Il faut donc tenter au maximum de les canaliser, même si, on le sait, il n'est pas recommandé de réprimer complètement ses émotions.

### *Les comportements anxieux*

Face aux inquiétudes, la personne anxieuse réagit en adoptant certains comportements qui ne vont qu'augmenter son anxiété et l'empêcher de résoudre ses problèmes.

**LES PRINCIPAUX COMPORTEMENTS ANXIEUX**

— L'hyperactivité.
— La nervosité.
— L'anticipation.
— L'évitement.
— L'irritabilité, l'agressivité.
— Les blocages et l'inhibition.
— La demande de réassurance.
— Les vérifications.

### ➤ Toujours sur la brèche

*Patrick est connu de tout son entourage pour sa façon d'être tout le temps survolté, de ne pas tenir en place. Il s'agite dès qu'il entre dans une pièce. Lorsqu'il est assis et qu'il doit attendre ou écouter les autres, il ne peut s'empêcher de jouer avec un objet, un couvert ou un briquet, tout ce qu'il va trouver. Quand il parle, il gesticule facilement et il fait les cent pas. S'il doit attendre à un rendez-vous, il ne peut s'empêcher de se lever, de regarder par la fenêtre, de rechercher quelque chose dans ses poches ou dans sa serviette.*

L'anxieux s'agite, toujours en mouvement : il ronge ses ongles, triture un bout de papier ou un objet. Il a du mal à attendre, c'est plus fort que lui, s'agiter comme si son destin était toujours devant lui. Il est très mal à l'aise, surtout s'il y a une incertitude au bout du compte. L'anxieux peut être qualifié de nerveux, mais il est plus juste de dire que l'anxiété crée une tension intérieure qui ne peut s'évacuer que par un comportement nerveux.

### ➤ Je suis irritable et agressif

*Arthur le reconnaît, « quand je suis à bout cela se répercute sur les autres. Je projette ma propre anxiété quand je rentre chez moi, il faut que ça sorte, et dans ces moments, la moindre petite chose va m'agacer : il n'en faut pas beaucoup pour que je sois agressif envers mon entourage alors que je sais qu'ils n'y sont strictement pour rien ». Il en arrive à dire des mots qu'il regrette et même à crier ou à claquer la porte. Il s'en veut mais « ça explose », sans qu'il puisse rien faire.*

La tension anxieuse est parfois telle qu'il faut qu'elle s'évacue : elle se traduira alors par de l'agressivité envers les autres. Le moindre petit grain de sable peut déclencher une tension extrême qui se traduit par des crises de colère. Si c'est votre cas, vous devez rapidement prendre conscience de ce comportement qui peut avoir des conséquences néfastes sur votre famille et votre entourage, et finir par se retourner contre vous.

> Même si c'est difficile, il est possible de se contrôler. Pour cela, il faut :
> — se dire que les autres n'ont rien à voir avec ce qui vous arrive et ne sont pas responsables de votre anxiété ;
> — éviter de parler fort ou de crier pour être écouté ;
> — argumenter le plus calmement possible ce que vous avez à dire.

## ➤ Je suis bloqué

*Aude voudrait faire un stage de danse à l'autre bout de la France. Elle n'arrive pas à se décider. C'est pourtant sa passion, mais elle est bloquée à l'idée de savoir comment cela va se passer : comment va-t-elle y aller ? Va-t-elle se plaire ? Trouvera-t-elle des gens sympa ? À force de rester des heures entières à s'interroger, elle est bloquée et n'arrive pas à partir. Elle restera en fait chez elle et s'en voudra très certainement.*

L'anxiété, dans certains cas, est paralysante et inhibe complètement l'action. Les moindres choses quotidiennes deviennent insurmontables et se dressent comme une montagne infranchissable. Certaines personnes vont même jusqu'à se coucher tant il leur est impossible d'exercer leurs activités ou de sortir de chez elles. Ces phases aiguës finissent par céder, mais peuvent se reproduire à tout moment, tant que l'anxiété n'est pas maîtrisée.

## ➤ Je préfère éviter

*Vanessa ne veut plus que ses enfants fassent du sport parce qu'elle ne peut supporter l'idée qu'ils prennent le bus ou puissent se blesser. De peur d'un accident ou d'un attentat, elle évite au maximum de sortir et refuse les invitations. Le seul fait de s'éloigner de chez elle la met en danger, et rien que d'y penser, elle ressent un étrange sentiment d'insécurité qu'elle ne sait pas expliquer.*

Certains préfèrent éviter toutes les situations ou les opportunités qui pourraient les mettre face à un nouveau risque. Ils vont facilement envisager que le pire peut se produire uniquement parce qu'ils ne sont pas chez eux. Alors que certains sont stimulés par ce qui est nouveau, pour d'autres, c'est synonyme d'un danger potentiel !

### ➤ Rassurez-moi

*Antoine se pose toujours un tas de questions à propos de tout. Dès qu'il a un doute il faut qu'il appelle sa femme pour lui demander : « Tu crois que tout va bien se passer ? » Elle le rassure, mais elle se rend bien compte que cela n'a pas beaucoup d'impact. Elle sait que le soir, il lui redemandera la même chose ou aura trouvé un autre problème.*

Certains anxieux demandent à leur entourage de les rassurer et de les conforter, ce qui peut paraître somme toute légitime. Mais bien souvent, les interrogations que l'on pose n'ont pas de réponse ou bien on connaît soi-même la réponse. Et en plus, le fait de réassurer n'enlève pas le doute et rapidement, d'autres questions vont apparaître. Comme si cette demande de réassurance était totalement vaine et ne servait à rien.

> Il ne faut pas, pour autant, que l'entourage n'écoute plus l'anxieux : l'isolement et l'indifférence auraient des effets bien plus négatifs.

### ➤ J'ai bien tout vérifié

*Marion ne fait confiance qu'à elle-même et sa devise pourrait se résumer ainsi : « Il ne faut rien laisser au hasard. » Elle est à l'affût du moindre petit grain de sable et a une tendance à contrôler tout plutôt deux fois qu'une. Avant de partir de chez elle, elle fera le tour de toutes les fenêtres et de toutes les portes, même si elle n'est pas en avance. Elle prendra des précautions qui paraissent excessives pour les autres.*

L'anxiété conduit parfois à un excès de précautions et de vérifications qui peut empoisonner la vie et celle de l'entourage. Comme les pensées anxieuses, ces petites vérifications sont supposées empêcher que quelque chose survienne. Elles doivent être bien distinguées d'une forme particulière d'anxiété que l'on appelle les TOC (pour Trouble obsessionnel compulsif). Il s'agit de pensées absurdes dont on ne peut se débarrasser et qui s'accompagnent de rituels (lavages, vérification*…).

* À ce propos, on lira le livre d'Alain Sauteraud, *Je ne peux pas m'arrêter de laver, vérifier, compter. Mieux vivre avec un TOC*, « Guide pour s'aider soi-même », Odile Jacob, Paris, 2002.

# Le stress vous rend malade

## *Comment le stress devient un problème*

Même s'il est proche et souvent en relation avec l'anxiété, le stress, comme on l'a déjà vu, ne désigne pas tout à fait la même chose. On peut définir le stress comme un processus d'adaptation de l'être humain à son environnement. On distingue :

• les *stresseurs*, c'est-à-dire les événements extérieurs stressants,

• et la *réaction* de stress, c'est-à-dire ce que nous ressentons face à un événement ou un changement.

Mais en fait, les stresseurs et la réaction qu'ils suscitent sont intimement liés et on ne peut les dissocier pour comprendre le stress.

La définition actuelle du stress vue comme une transaction est résumée dans la figure qui suit.

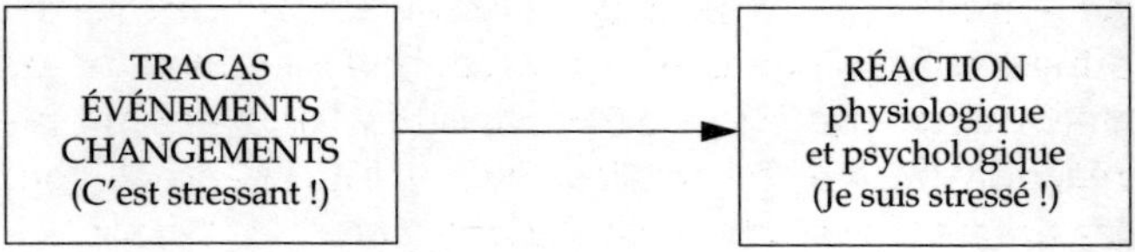


***Le stress est une transaction entre la personne et l'environnement qui peut menacer le bien-être.***
***Le but de la réaction physiologique et psychologique est de maintenir l'équilibre.***
***Lorsque l'équilibre est dépassé surviennent les maladies du stress.***

### ➤ Le stress, une réaction biologique

Cette réaction de stress concerne notre corps qui se met en alerte. Par exemple, si nous repérons un danger potentiel, nous ressentons immédiatement une tension à l'intérieur, notre cœur et notre respiration s'accélèrent... Face à un stresseur, l'organisme déclenche donc une réaction biologique qui met en jeu des hormones et qui va se traduire par des signes physiques. C'est ce qui a permis à nos ancêtres de la préhistoire d'échapper aux griffes d'un prédateur (la fuite) ou de riposter devant un ennemi (le combat). Le stress est donc une fonction non seulement utile mais nécessaire à notre survie.

### ➤ Le stress, une réaction psychologique

Mais la réaction est aussi psychologique :

— nous évaluons la situation, le risque ou la menace qu'elle présente ;

— nous raisonnons et nous agissons, soit pour réduire notre émotion, soit pour résoudre le problème qui se pose.

C'est là que les choses se compliquent. Car nous ne sommes pas tous égaux face au stress : une même situation (par exemple une déception sentimentale ou une erreur professionnelle) suscitera une importante réaction de stress chez les uns, et l'indifférence chez les autres. La réaction est variable selon les personnes, mais aussi, chez une même personne à différents moments de sa vie. Plus que le stress en lui-même, c'est souvent la façon dont nous allons percevoir et réagir qui compte dans la réponse. Nous sommes généralement partagés entre le fait d'y penser tout le temps ou au contraire de chasser le problème de notre esprit. Il n'y a pas une façon unique, bonne ou mauvaise, de faire face au stress, et deux moyens très opposés peuvent être utiles dans des situations différentes.

Par exemple, la technique de l'autruche, qui consiste à se voiler la face, n'est pas toujours la meilleure et il faut parfois analyser le problème frontalement. En revanche, dans certains cas, est-il utile de penser tout le week-end à un stress du lundi matin tout en sachant que l'on ne peut rien faire ? Ne vaut-il pas mieux essayer de s'échapper et de se concentrer sur autre chose ? Mais on sait bien que dans d'autres situations, il est utile de se préparer pour surmonter certains événements stressants. Il faut donc apprendre à moduler sa façon de faire face au stress en fonction des circonstances. Certaines façons peuvent être négatives comme par exemple, lorsque nous avons l'impression de ne plus contrôler les choses ou de ne plus avoir aucune latitude de décision face aux événements. Au-delà même de la gravité de l'événement, la mécanique mise en place est inefficace et conduit à une pression physique et psychologique qui peut être dommageable.

Nous devons alors faire un effort pour nous adapter à cette nouvelle situation créée par le stress. Pour cela, il faut souvent surmonter les émotions et les sentiments que nous ressentons et accepter de modifier à la fois notre façon de voir les choses et d'agir. Parfois, un certain temps est nécessaire pour se reconstruire face à des événements graves et l'on peut tourner la page immédiatement. Même si un effort personnel est nécessaire, il est possible de surmonter le stress et de le gérer autrement.

**LES FAÇONS NÉGATIVES DE FAIRE FACE AU STRESS**

— Se retenir, tout garder pour soi.
— Se culpabiliser.
— Refuser l'aide des autres.
— Refuser la réalité, voire parfois la nier.
— Se décourager, baisser les bras.
— Ne pas savoir attendre.
— Partir dans tous les sens.

Lorsqu'il est excessif, le stress peut être néfaste pour la santé et déboucher, à la longue, sur des complications.

## *Les conséquences du stress sur la santé*

### ➤ L'état de stress permanent

*Jérôme, cadre commercial, est un battant. Il veut réussir sa vie professionnelle et pour cela, il est prêt à beaucoup s'investir, quitte à délaisser ses loisirs. Il semble toujours sur la brèche, il parle vite, s'agite comme s'il courait après le temps. Quand il fait quelque chose, il est déjà en train de penser à la suivante. Il s'agace vite face aux contrariétés, par exemple, s'il doit attendre pour une place de restaurant, il partira avant. Il ne sait pas se détendre et redoute les temps morts : son anxiété à lui, c'est de perdre son temps.*

Personne n'échappe aux petits soucis du quotidien, mais nous ne les ressentons pas de la même façon. Pour Jérôme, ce sont comme autant de grains de sable successifs qui viennent éroder sa résistance : ils sont disproportionnés par rapport à leur gravité et ils prennent beaucoup d'importance. On a beau lui dire qu'il ne peut rien y faire, que cela passera et qu'il y a des choses bien plus graves dans la vie, rien n'y fait : le stress fait partie de lui.

### ➤ Les maladies psychosomatiques

*Stéphanie a quitté sa région et ses amis pour son premier poste de professeur de français en région parisienne. Elle a peur de ne pas être à la hauteur. Sa classe est un peu difficile et elle stresse à chaque fois qu'elle doit préparer un nouveau cours. Elle a du mal à faire face à tous les changements, comme trouver un appartement et s'habituer aux transports en commun. Un inspecteur doit venir bientôt dans sa classe et depuis, elle a des plaques rouges sur le visage et sur tout le corps.*

De nombreuses études montrent que dans les mois qui ont précédé la découverte d'une maladie, beaucoup de personnes ont vécu un stress important. Presque toutes les maladies sont concernées, mais surtout les maladies que l'on appelle psychosomatiques et celles qui impliquent le système immunitaire. Les principales maladies psychosomatiques sont : l'ulcère gastro-duodénal, l'eczéma, l'hypertension artérielle, la rectocolite hémorragique, l'hyperthyroïdie, la polyarthrite rhumatoïde, l'asthme. Mais beaucoup d'autres pathologies sont également liées au stress comme les problèmes de peau. On a constaté par exemple que dans la phase de préparation aux examens, les étudiants présentaient plus de crises d'herpès qu'à d'autres moments de l'année. Pour Stéphanie, c'est la même chose, l'accumulation de changements et l'incertitude de ne pas réussir ont très probablement déclenché ses taches sur la peau qui disparaîtront comme elles sont venues.

Le stress pourrait donc, par le biais de ses réponses biologiques, provoquer un problème. C'est par les modifications qu'entraîne le stress sur le système immunitaire que l'on peut expliquer la survenue des crises d'herpès et beaucoup d'autres problèmes qui impliquent l'immunité.

### ➤ L'anxiété

*Sophie, 30 ans, se reconnaît elle-même stressée : elle vient de changer de service et il y a pas mal de pression au travail. Après son congé parental, elle voulait retravailler, mais maintenant, elle n'a plus de temps pour elle avec ses deux enfants et son mari qui vient de retrouver du travail après une période d'un an de chômage. Une collègue lui a proposé de faire de la gym, mais où trouver le temps ? Elle sent qu'elle ne va pas bien, elle est très tendue et fatiguée mais elle ne peut pas se permettre de craquer. Son fils vient de redoubler et elle s'en veut de ne pas lui consacrer plus de temps. Elle va tout essayer pour le faire travailler le soir. Elle rumine ses problèmes dans tous les sens et finit par se faire un monde pour des choses qui n'en valent pas la peine. Elle ne sait pas comment faire pour s'en sortir.*

L'anxiété est la première complication psychologique du stress. Pour Sophie, comme pour beaucoup de femmes, le double stress travail-famille l'a submergée. Au-delà même de la charge importante de travail, d'autres choses sont en cause :

• L'isolement : Sophie s'isole et ne veut pas en parler à son conjoint pour ne pas le déranger. Si certaines personnes parlent de leur stress plutôt à leur famille, d'autres en parleront à une collègue ou à des personnes qu'elles ne connaissent pas très bien. Quoi qu'il en soit, le soutien de l'extérieur est nécessaire et le fait de garder ses problèmes pour soi fragilise au bout du compte.

• La culpabilité : la femme se sent souvent la première responsable des difficultés avec les enfants. Elle pense ne pas en faire assez et s'efforce de combler les manques en donnant encore plus de son temps.

• La fuite permanente du temps : comme si la vie moderne ne permettait pas de trouver un peu de temps pour soi dans la semaine, elle en arrive à sacrifier tout son temps personnel pour le travail et la vie ménagère et familiale.

L'anxiété est très souvent en rapport avec le stress, mais toutes les anxiétés ne sont pas dues au stress. Lorsque la réaction anxieuse conduit à une souffrance et à une inadaptation, on parle de *trouble de l'adaptation avec anxiété* qui est une des maladies de l'anxiété. Une fois l'anxiété durablement installée, d'autres complications psychologiques peuvent se rencontrer, comme la dépression ou l'utilisation de substances, de médicaments ou le grignotage pour tenter de la réduire.

## *Comment identifier ce qui vous stresse ?*

Les situations de stress sont nombreuses et surtout très différentes. Il est important de les repérer et de les distinguer.

### ➤ Les stress selon leur gravité

• les tracas et les petits soucis du quotidien que nous rencontrons tous, qui sont généralement sans importance, mais deviennent usants pour certains tempéraments anxieux quand ils s'accumulent (retard, embouteillage…),

• les événements de la vie, nous y sommes tous confrontés : ils peuvent être positifs ou négatifs, ils impliquent un changement et une adaptation de notre part (déménagement, grossesse, divorce, nouveau travail),

• les difficultés de la vie concernant des situations qui ne sont pas ponctuelles et dont la durée et l'issue sont incertaines et mettent en jeu différents problèmes et que l'on ne peut résoudre immédiatement (conflit avec un proche, maladie…),

• les traumatismes (agression, accident, attentats…) : toutes les personnes qui vivent ce type d'événement ressentent de l'anxiété, un véritable deuil est nécessaire pour que l'anxiété reste transitoire et que ne s'installe pas un état de stress post-traumatique.

### ➤ Les stress selon leur origine

Il faut aussi distinguer les différentes sources de stress. La vie d'aujourd'hui est responsable de nombreux stress qui nous demandent de nous adapter constamment. Ils touchent autant la vie personnelle que familiale ou professionnelle. Comme le montre une étude française, les stress le plus souvent retrouvés à l'origine d'une anxiété sont les changements et les difficultés dans le travail, les déménagements et la maladie pour soi ou un proche. Viennent ensuite les périodes d'examens, les difficultés familiales et il ne faut pas oublier également le chômage et les divorces qui sont des événements subits sans souvent pouvoir faire grand-chose.

Complétez le questionnaire ci-dessous pour identifier vos différentes sources de stress.

**QUESTIONNAIRE-TEST :
QUELS SONT LES DOMAINES
QUI VOUS STRESSENT LE PLUS ?**

| DOMAINE | PRINCIPAUX STRESS | LE STRESS QUI ME SEMBLE LE PLUS IMPORTANT | LE STRESS QUI ME SEMBLE LE MOINS IMPORTANT |
|---|---|---|---|
| Ma vie familiale | | | |
| Mon travail | | | |
| Ma vie personnelle | | | |

### ➤ Mon travail m'a rendu malade

*« On me demandait chaque jour un peu plus. Je faisais tout pour me sortir de situations impossibles, et je ne comptais pas mes heures. J'ai cru naïvement qu'on reconnaîtrait mes efforts, mais pour mes supérieurs, ce n'était jamais suffisant, il en fallait toujours plus. J'ai fini par ruminer tout le temps les problèmes qui s'accumulaient, ça me rendait anxieux et j'ai perdu confiance en moi. J'ai fini par craquer. »*

Le travail est aujourd'hui une des sources de stress les plus fréquentes. Il touche les hommes et les femmes et toutes les catégories socioprofessionnelles, les cadres, mais aussi les employés et les ouvriers. Les enquêtes réalisées dans différents secteurs montrent que près des deux tiers des personnes interrogées se plaignent de stress au travail. Selon le Bureau international du travail (BIT), dans le monde du travail, il y a stress à chaque fois que la charge qui pèse sur un individu est trop lourde et qu'il n'arrive pas à s'y adapter rapidement. Les Commissions européennes ont pointé le rôle négatif et le coût important tant humain qu'économique du stress au travail et la nécessité pour les entreprises de le prévenir et de le traiter. Une enquête montre que 28 % des 147 millions de salariés européens de l'Union européenne se plaignent de stress.

De nombreux stresseurs sont identifiés, dont le plus grave est certainement la menace de chômage qui est aujourd'hui en constante augmentation. Mais le stress va aussi concerner les conditions de travail et les relations humaines à l'intérieur et à l'extérieur de l'entreprise. Aujourd'hui, on peut dire que les stress directement liés aux conditions physiques de travail ont considérablement diminué en raison de la modernisation. En revanche, le stress organisationnel et le stress généré par les relations conflictuelles sont très importants aujourd'hui. Les pressions exercées sur les salariés dans certaines entreprises peuvent conduire à des troubles de l'adaptation où la personne est envahie par une anxiété constante et n'arrive plus à mettre à distance son problème. Par conséquent, elle n'agit plus de façon adaptée pour s'en sortir. Elle peut finir par s'épuiser, devenir très méfiante, s'isoler et déprimer.

**LES PRINCIPALES SOURCES DE STRESS AU TRAVAIL**

— Le chômage.
— La mobilité.
— Le déclassement.
— Les restructurations.
— Le harcèlement moral.
— Les incivilités et violences.
— La surcharge de travail.
— L'évolution des techniques.
— La répétition des tâches.
— La sur ou sous-qualification.
— Les difficultés relationnelles.
— L'absence de gratification…

Le stress professionnel est responsable de problèmes de santé comme l'hypertension artérielle, les problèmes cardiovasculaires et des problèmes psychologiques comme le syndrome d'épuisement professionnel qui amène à l'anxiété et à la dépression. On appelle ce syndrome d'épuisement professionnel le *burn-out*.

*Comment se manifeste le burn-out ?* C'est une fatigue physique et mentale qui conduit à se dévaloriser et, peu à peu, à se détacher du travail alors que la personne était très impliquée. Au début, les premiers signes sont insidieux : la personne se plaint de maux de tête, de troubles digestifs, d'un mauvais sommeil. Ces difficultés persistent et vont progressivement s'aggraver. Alors, à la fatigue et au mal-être physique, peuvent s'associer une irritabilité, des crises de larmes, une sensibilité aux frustrations.

Le *burn-out* a été très étudié parmi les professions de santé (notamment chez les infirmières) mais on le retrouve dans toutes les professions où il existe une forte implication professionnelle. Dans la forme extrême, les Japonais ont décrit un syndrome responsable d'une mort subite au travail par le fait du surmenage, le *Karoshi*.

**LES RECOMMANDATIONS DES COMMUNAUTÉS EUROPÉENNES SUR LE STRESS AU TRAVAIL (2000)**

Le rapport de la Communauté européenne sur le stress au travail montre que les exigences et l'organisation actuelle du monde du travail sont source de stress et retentissent sur la santé et la qualité de vie des salariés. À l'origine du stress, on trouve une inadéquation entre l'homme et son travail, des conflits entre ses rôles au travail et en dehors du travail, et le fait qu'il ne possède pas un degré normal de maîtrise de son travail et de sa vie.

*Le stress au travail peut être dû à une multitude de facteurs dont voici quelques exemples courants* :

— charge de travail excessive ou insuffisante,
— temps insuffisant pour achever son travail,
— absence de description précise du poste ou de l'organisation,

— manque de reconnaissance et de récompense pour un travail bien fait,
— aucune possibilité d'exprimer ses doléances,
— nombreuses responsabilités mais peu de pouvoir décisionnel,
— supérieurs, collègues ou subordonnés peu coopératif apportant peu de soutien,
— insécurité de l'emploi,
— racisme,
— violence,
— conditions de travail difficiles,
— sous-utilisation de ses aptitudes…

*Recommandations pour la prévention du stress au travail :*
— laisser suffisamment de temps pour effectuer le travail de façon satisfaisante,
— donner une description de poste précise,
— récompenser le travail bien fait,
— donner les moyens de s'exprimer,
— harmoniser la responsabilité et l'autorité,
— adéquation entre but et valeur de l'entreprise et ceux du salarié,
— favoriser la maîtrise du produit final du travail et la fierté du produit.

## *La spirale du stress et de l'anxiété*

Souvent, le mal-être anxieux est ressenti comme un tout. Il est important de distinguer :

• ce que l'on ressent exactement (les signes physiques et les émotions),

• ce que l'on se dit (les signes psychologiques que l'on appelle aussi cognitifs),

• et la façon dont on agit (ce que je fais ou les comportements).

On peut schématiser cela par une spirale où les différents signes s'autoentretiennent et se renforcent. Par exemple, les pensées et les comportements anxieux ne font qu'augmenter la tension physique, qui elle-même devient plus gênante et est interprétée de façon menaçante. Si vous prenez conscience de cette spirale, vous pouvez l'interrompre en vous focalisant sur les différents signes de l'anxiété pour les contrôler et au bout du compte améliorer les autres.

***La spirale du stress et de l'anxiété***

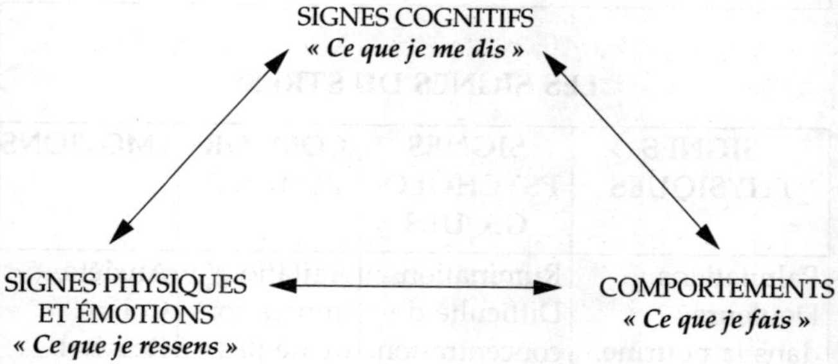


Prenons l'exemple d'une situation stressante : vous êtes bloqué dans un embouteillage alors que vous devez conduire un membre de votre famille pour prendre un train ou que vous avez un rendez-vous professionnel important. L'état de stress sera différent selon chacun : certains resteront calmes et parviendront à se raisonner alors que d'autres seront très tendus ou même en colère. La tension intérieure ressentie va plus ou moins s'extérioriser : certains vont subir passivement, d'autres vont s'énerver (taper sur le volant, klaxonner). Certains ressentiront un sentiment d'impuissance qui se traduira par une irritabilité voire une agressivité, d'autres un sentiment de culpabilité (c'est toujours sur moi que ça tombe, j'aurais dû partir bien plus tôt…).

Exercice : *Face à un événement stressant de votre vie, essayez d'analyser, en complétant le tableau ci-dessous, quelle est votre façon de réagir et de vous comporter.*

| SITUATIONS STRESSANTES | CE QUE JE RESSENS | CE QUE JE ME DIS | CE QUE JE FAIS |
|---|---|---|---|
| | | | |
| | | | |
| | | | |

**LES SIGNES DU STRESS**

| SIGNES PHYSIQUES | SIGNES PSYCHOLOGIQUES | COMPORTEMENTS | ÉMOTIONS |
|---|---|---|---|
| Palpitations.<br>Douleurs dans la poitrine.<br>Tremblements.<br>Tension musculaire.<br>Maux de tête.<br>Maux d'estomac.<br>Envie d'aller aux toilettes.<br>Sueur.<br>Chaleur et frisson.<br>Pâleur ou rougeur.<br>Impression de souffle coupé.<br>Chair de poule. | Ruminations.<br>Difficulté de concentration.<br>Difficulté de mémorisation.<br>Impression de tête vide.<br>Lassitude. | Agitation/ impression de ne pas tenir en place.<br>Nervosité.<br>Inhibition/ sensation de blocage. | Anxiété.<br>Colère.<br>Remord.<br>Culpabilité.<br>Hostilité.<br>Mauvaise estime de soi. |

Il est indispensable de mieux comprendre et reconnaître son stress et son anxiété, mais il faut maintenant savoir comment agir pour mieux les maîtriser et y faire face.

**EN RÉSUMÉ**

L'anxiété et le stress s'expriment de façon très variable par des signes physiques, des ruminations psychologiques, des comportements d'agitation ou au contraire d'inhibition et des émotions négatives, comme par exemple la colère. Tous ces signes s'autoentretiennent comme dans une spirale et il faut bien les reconnaître. Il apparaît que certaines façons de gérer les stress de la vie peuvent avoir une meilleure influence sur la santé et l'équilibre psychologique que d'autres.

Chapitre 2

# *Faites votre autodiagnostic*

« Je nomme ce complexe symptomatique "névrose d'angoisse", parce que l'ensemble de ses éléments se regroupe autour du symptôme fondamental de l'angoisse, parce que chacun possède une relation déterminée avec l'angoisse. »

Sigmund FREUD.

## Analysez votre anxiété

Lorsqu'on pose la question : quand êtes-vous anxieux ? beaucoup sont incapables de répondre. La première étape de la gestion de l'anxiété consiste à analyser avec précision les périodes d'anxiété, leur intensité et les situations qui les déclenchent ou les aggravent.

## *Anxiété chronique, aiguë, crises d'angoisse*

L'anxiété n'évolue pas de façon continue, elle varie en intensité. On distingue plusieurs types d'anxiétés.

### ➤ L'anxiété chronique

On l'appelle aussi *anxiété généralisée* : elle représente un fond anxieux permanent, compatible avec les activités, mais gênant…

L'anxiété chronique est diffuse et présente souvent une bonne partie de la journée. Elle crée un malaise constant qu'il est difficile de décrire et d'expliquer. L'intensité de l'anxiété est variable sur une journée. Elle peut être modérée et tout d'un coup, devenir très forte, parce que l'on est soumis à un stress ou sans aucune raison, ce qui est le plus fréquent.

### ➤ L'anxiété aiguë

Parfois, l'anxiété va augmenter rapidement pour atteindre un niveau très élevé, c'est ce que l'on appelle l'*anxiété aiguë*.

> *Nathalie est très anxieuse de nature, mais ces dernières semaines, à plusieurs reprises, elle a ressenti une grande anxiété qui a duré plus d'une heure. Elle était chez elle et il n'y avait rien qui pouvait la stresser. Elle avait le cœur qui battait très fort et une sensation de tremblement intérieur. Elle avait très chaud et l'impression de ne plus tenir debout, en raison d'une grande faiblesse dans les jambes, elle sentait des fourmillements dans les mains et les doigts. Elle ne*

*sait pas expliquer ce qu'elle ressent : « C'est comme une grande peur, comme si tout me tombait dessus. Une fois, j'ai même cru que j'allais mourir et j'ai totalement paniqué : j'ai dû appeler SOS médecin. »*

### ➤ La crise d'angoisse

L'anxiété peut atteindre un niveau tel qu'elle devient totalement paralysante. On appelle cet épisode la *crise d'angoisse* ou l'*attaque de panique*. Souvent, cette crise s'installe en augmentant petit à petit, mais dans d'autres cas, elle survient très brutalement, sans raison. Elle s'accompagne d'un malaise intense qui peut aller jusqu'à la peur de mourir.

Les manifestations physiques sont très fortes et peuvent faire penser que l'on a un problème médical (un infarctus par exemple). Plus on y pense, moins on arrive à la faire passer, ce qui plonge dans un véritable état de détresse très désagréable. Nous verrons comment on peut apprendre à gérer ce moment particulièrement intense.

## *Qu'est-ce qui déclenche votre anxiété ?*

### ➤ L'anxiété du matin et l'anxiété du soir

*« Dès le réveil, je me demande si mon anxiété ne va pas me "bouffer la journée". Parfois, j'arrive à faire avec, mais il y a des jours où je resterais bien couché dans mon lit. Je sais que la journée va être un calvaire, alors que je viens juste de me lever, alors que je n'ai vraiment aucune raison d'être anxieux. »*

**RECONNAÎTRE UNE ATTAQUE DE PANIQUE**

L'attaque de panique correspond à une période bien délimitée de crainte ou de malaise intenses, dans laquelle au minimum quatre des symptômes suivants sont survenus de façon brutale et ont atteint leur maximum en moins de dix minutes :

— palpitations, battements de cœur ou accélération du rythme cardiaque ;
— transpiration ;
— tremblements ou secousses musculaires ;
— sensation de souffle coupé ou sensation d'étouffement ;
— sensation d'étranglement ;
— douleur ou gêne thoracique ;
— nausée ou gêne abdominale ;
— sensation de vertige, d'instabilité, de tête vide ou impression d'évanouissement ;
— déréalisation (sensation d'irréalité) ou dépersonnalisation (être détaché de soi) ;
— peur de perdre le contrôle de soi ou devenir fou ;
— peur de mourir ;
— sensations de fourmillements ou de picotements ;
— frissons ou bouffées de chaleur.

Certains voient leur anxiété débuter dès le matin. Pour d'autres, elle est maximale à la fin d'une journée d'activité. Les anxieux du matin se lèvent déjà avec une forte angoisse : ils sont pris d'une anxiété flottante, ils savent qu'ils vont devoir lutter pour y faire face une bonne partie de la journée.

Beaucoup de personnes anxieuses n'aiment pas la tombée de la nuit ou la nuit noire. C'est « l'heure du loup » que craignent les enfants parce qu'elle fait penser au danger ou à la mort. Pour l'anxieux du soir, l'anxiété monte tout au long de la journée et paradoxalement, c'est quand il rentre chez lui qu'il lui est impossible de se détendre.

Une forme de crise de panique particulière appelée « panique nocturne » réveille la nuit, et il faut un long moment pour se calmer et se rendormir.

### ➤ L'anxiété selon les jours et les saisons

*« Durant la semaine, je n'y pense pas tellement, je suis prise dans un tourbillon avec toutes les choses que je dois faire. Quand je me retrouve toute seule le dimanche, alors que je devrais en profiter pour me reposer, c'est vraiment l'angoisse. »*

Y a-t-il des jours où l'on est plus anxieux ? « Je hais les dimanches » disait le poète. Certaines personnes ressentent une anxiété importante lorsque l'activité autour d'elles baisse, pendant les périodes de repos ou les vacances. Un patient me disait : « Je rentre encore plus tendu le lundi matin au travail : je n'ai pas pu me détendre le week-end. » Pour d'autres au contraire, l'anxiété est plus en rapport avec le stress de la vie et diminue ou disparaît durant les phases où elles ne sont plus sous pression, comme pendant les week-ends ou les vacances.

Enfin, s'il n'y a pas de saison particulière à l'anxiété, l'automne et l'entrée dans l'hiver sont, comme pour la dépression, souvent perçus comme une période marquée difficile pour les anxieux, mais c'est un peu vrai pour tout le monde. À l'inverse, le retour des beaux jours amène une certaine stabilité. Cependant, il ne faut pas se méprendre : il n'y a pas de saison pour l'angoisse.

Exercice : *Votre anxiété est-elle très dépendante de certains stress ou événements ou bien complètement indépendante ? Repérez ce qui déclenche votre anxiété et commencez à autoévaluer son intensité de 0 à 8 selon ce modèle.*

| MOMENT DE LA JOURNÉE | ÉVÉNEMENT | INTENSITÉ DE 0 À 8 |
|---|---|---|
| Il est 8 heures. | J'entends sonner à la porte. | 5/8 |
| Il est 17 heures. | Ma voiture a du mal à démarrer. | 6/8 |
| | | |
| | | |

**Important**

Il y a deux types d'anxiété pathologique :
— L'anxiété qui survient sans cause évidente où la menace est plus hypothétique que réelle (on parle de peur sans objet).
— L'anxiété en réaction à des stress et des événements de la vie qui perturbent l'équilibre et impose de s'adapter.

### ➤ Repérez votre cycle

Une fois que vous avez repéré que vous ressentez de l'anxiété, notez bien votre cycle et posez-vous les questions suivantes.

| | |
|---|---|
| Êtes-vous anxieux toute la journée ou par intermittence ? | |
| Êtes-vous plus anxieux le matin ou le soir ? | |
| À quel moment de la journée votre anxiété est minimale et maximale ? | |
| Êtes-vous plus anxieux en fonction des événements extérieurs ? | |
| Votre anxiété est-elle plus physique ou psychologique ? | |
| De 0 à 8 à combien évaluez-vous votre anxiété de la journée ? | |
| Y a-t-il des choses qui vous soulagent ? | |

Éventuellement notez-les, revenez-y à des moments où vous serez moins dans l'action, moins impliqué : prenez plus de recul. Mettez-vous à la place du spectateur et non de l'acteur de votre propre situation.

> **Important**
> Repérer et analyser votre anxiété va vous permettre de distinguer différents problèmes et de proposer des solutions spécifiques pour chacun. C'est la meilleure façon d'aborder le mal-être anxieux qui est diffus et que chacun ressent différemment.

## Évaluez votre niveau d'anxiété

Il vous sera très utile d'évaluer votre niveau d'anxiété pour suivre son évolution et voir si vous parvenez à diminuer son intensité. Il est cependant difficile d'apprécier un degré d'anxiété : c'est pourquoi certaines échelles et certains questionnaires ont été mis au point par les spécialistes.

L'échelle HAD (*Hospital Anxiety Depression*) est une échelle très facilement utilisable qui permet, par un autoquestionnaire, d'évaluer le niveau d'anxiété et aussi de dépression (voir sous-échelle de dépression page 87).

| | ÉCHELLE HAD SCORE ANXIÉTÉ |
|---|---|
| | *Je me sens tendu ou énervé :* |
| **3** | La plupart du temps. |
| **2** | Souvent. |
| **1** | De temps en temps. |
| **0** | Jamais. |
| | *J'ai une sensation de peur comme si quelque chose d'horrible allait m'arriver :* |
| **3** | Oui, très nettement. |
| **2** | Oui, mais ce n'est pas trop grave. |
| **1** | Un peu, mais cela ne m'inquiète pas. |
| **0** | Pas du tout. |
| | *Je me fais du souci :* |
| **3** | Très souvent. |
| **2** | Assez souvent. |
| **1** | Occasionnellement. |
| **0** | Très occasionnellement. |

| | |
|---|---|
| | *Je peux rester tranquillement assis à ne rien faire et me sentir décontracté :* |
| **0** | Oui, quoi qu'il arrive. |
| **1** | Oui, en général. |
| **2** | Rarement. |
| **3** | Jamais. |
| | *J'éprouve des sensations de peur et j'ai l'estomac noué :* |
| **0** | Jamais. |
| **1** | Parfois. |
| **2** | Assez souvent. |
| **3** | Très souvent. |
| | *J'ai la bougeotte et n'arrive pas à tenir en place :* |
| **3** | Oui, c'est tout à fait le cas. |
| **2** | Un peu. |
| **1** | Pas tellement. |
| **0** | Pas du tout. |
| | *J'éprouve des sensations soudaines de panique :* |
| **3** | Vraiment très souvent. |
| **2** | Assez souvent. |
| **1** | Pas très souvent. |
| **0** | Jamais. |
| | **TOTAL ANXIÉTÉ** |

Si vous avez plus de 10 points, vous souffrez certainement d'une anxiété marquée.

# Êtes-vous un tempérament stressé ?

Certains tempéraments peuvent générer plus de stress en raison de leur façon d'appréhender le monde et la vie. Les spécialistes parlent du comportement de « type A » comme un facteur de risque de maladies cardiovasculaires et particulièrement d'infarctus du myocarde. Le type A décrit des personnes très compétitives, recherchant la réussite sociale et professionnelle, hyperactives avec une impression d'urgence du temps et parfois hostiles vis-à-vis de tout ce qui pourrait leur faire obstacle. En opposition au type A, on décrit le type B (absence des caractéristiques du groupe A).

Cochez d'une croix les phrases qui selon vous vous correspondent le mieux.

En faisant le total vous verrez si votre tendance est plutôt vers le type A* ou bien le type B.

## *Êtes-vous un type A ?*

On appelle « type A » les individus hyperactifs, soumis à une fuite en avant permanente. Les sujets de type A sont constamment en lutte contre le temps mais aussi contre les autres. Ils se caractérisent par des états émotionnels hostiles (colère et agressivité fréquentes).

* D. Servant, *Vivre avec la maladie*, Bayard, 1999.

| | |
|---|---|
| | Vous aimez la compétition. |
| | Vous vous fixez toujours de nouveaux objectifs. |
| | Vous voulez être le meilleur. |
| | Vous détestez perdre votre temps. |
| | Vous pouvez vous passer de loisirs. |
| | Vous faites souvent plusieurs choses en même temps. |
| | Vous interrompez facilement vos interlocuteurs. |
| | Les objectifs que vous vous fixez sont plus hauts que la moyenne. |
| | Vous êtes souvent agacé par les petits obstacles de la vie quotidienne. |
| | Vous ne savez pas attendre. |
| | Vous en voulez aux autres quand vous échouez. |

### *Êtes-vous un type B ?*

| | |
|---|---|
| | Gagner n'est pas votre objectif prioritaire. |
| | Vous vous contentez de ce que vous avez. |
| | Vous laissez les autres prendre les meilleures places. |
| | Vous aimez prendre votre temps. |
| | Vous consacrez beaucoup de temps à vos loisirs. |
| | Vous aimez faire une chose à la fois. |
| | Vous pouvez écouter sans vous exprimer. |
| | Vous ne souhaitez pas vous démarquer des autres. |
| | Vous préférez oublier les obstacles du quotidien. |
| | Vous attendez facilement si vous n'avez pas les informations suffisantes. |
| | Vous ne vous en prenez qu'à vous-même si vous échouez. |

En fonction du nombre de réponses obtenues, vous pouvez dégager une tendance et savoir si votre tempérament correspond plus au type A ou au type B. Cela vous permet de mieux vous connaître et de moduler certains caractères qui peuvent, à la longue, être nuisibles pour la santé.

# Êtes-vous une personnalité anxieuse ?

*« J'ai toujours été bilieux, depuis l'école primaire », me disait un patient à qui je demandais de dater le début de son anxiété.*

*Amélie a toujours été anxieuse et ne sait pas à quand cela remonte. Elle en a parlé à sa mère qui lui a dit que lorsqu'elle était enfant, elle devait dormir avec une petite lumière et qu'elle avait très peur de quitter ses parents. Elle pouvait difficilement dormir en dehors de chez elle. Elle avait toujours peur qu'il arrive quelque chose de grave à la famille. Après, ça s'est atténué, mais elle était toujours très bilieuse et se faisait du souci pour rien. Après le lycée, quand elle a commencé ses études, elle était toujours anxieuse mais comme elle le disait : « C'est mon tempérament je fais avec. » La perte de son travail et la longue période de chômage qui a suivi l'ont « minée » et lui ont complètement fait perdre confiance et douter de tout. « Quand j'étais plus jeune ce n'était pas si grave, c'est ma nature d'être anxieuse mais aujourd'hui ça s'est nettement aggravé avec le temps. »*

## *Le tempérament anxieux : une façon de voir le monde*

Certaines personnes se décrivent elles-mêmes ou sont décrites par leurs proches comme ayant toujours été anxieuses. L'anxiété a pratiquement toujours existé et est inscrite dans leur façon d'être. C'est ce que l'on appelle le tempérament anxieux.

Quelles sont les caractéristiques de la personnalité anxieuse ?

— se faire du souci pour le futur, la nouveauté ou l'imprévu,
— ressasser les événements du passé,
— les plaintes physiques ou sur l'état de santé,
— une tension constante et une incapacité à se détendre,
— une préoccupation pour les tâches quotidiennes et les performances,
— une sensibilité vis-à-vis de la critique et de la désapprobation,
— une timidité et une gêne dans les contacts avec les autres,
— une tendance à éviter les activités sociales et de loisirs, de peur d'être gêné,
— une peur de s'engager dans une relation avec les autres,
— une crainte d'être abandonné ou de se retrouver seul.

## *Test : êtes-vous un tempérament anxieux ?*

Vous considérez-vous comme une personnalité anxieuse, c'est-à-dire que depuis très longtemps, vous vivez les choses avec anxiété et vous pensez que c'est en vous comme une manière d'être qui influence vos actions et vos relations ? Posez-vous les questions suivantes.

| | OUI | NON |
|---|---|---|
| **1.** Appréhendez-vous les dangers et les problèmes alors qu'il n'y a pas de raisons de le faire ? | | |
| **2.** Êtes-vous tendu, nerveux, irritable de façon durable ? | | |
| **3.** Êtes-vous sensible aux soucis et aux stress de la vie ? | | |
| **4.** Revenez-vous souvent sur vos décisions et vos choix ? | | |
| **5.** Vérifiez-vous beaucoup pour éviter qu'une chose désagréable n'arrive ? | | |
| **6.** Contrôlez-vous beaucoup ce que vous faites de peur de vous tromper ? | | |
| **7.** Évitez-vous de vous engager par peur de l'échec ? | | |
| **8.** Manquez-vous de confiance en vous ? | | |
| **9.** Doutez-vous de vos capacités pour réussir ? | | |
| **10.** Craignez-vous de ne pas être heureux ? | | |
| **11.** Avez-vous peur de ne pas être aimé ? | | |
| **12.** Avez-vous besoin que les autres vous rassurent ? | | |
| **13.** Avez-vous besoin des autres pour agir ? | | |
| **14.** Vous interrogez-vous souvent sur vous-même et votre existence ? | | |
| **15.** Votre anxiété modifie-t-elle vos relations aux autres ? | | |
| **16.** Craignez-vous pour votre santé et de la mort de façon durable ? | | |
| **17.** Votre esprit est-il souvent absorbé par des pensées, des questions sur votre vie ou votre passée ? | | |
| **18.** Êtes-vous sensible à des émotions négatives mais aussi positives ? | | |
| **TOTAL** | | |

➤ **Interprétation des résultats**

• Si vous avez plus de 8 réponses positives, vous êtes certainement un tempérament anxieux.

• Si vous avez répondu oui à au moins 12 questions, cela ne fait pas de doute.

## Souffrez-vous d'une anxiété généralisée (ou TAG) ?

L'anxiété généralisée pourrait être appelée la « maladie des inquiétudes ». Elle est marquée en effet par des soucis excessifs qui touchent la vie quotidienne. Les personnes souffrant du trouble d'anxiété généralisée (qu'on nomme par abréviation le TAG) se tracassent pour un rien, redoutent qu'il leur arrive quelque chose de grave, ne supportent pas l'incertitude, et ont beaucoup de mal à se détendre. Les signes physiques associés à cet état de tension quasipermanent peuvent varier d'une personne à l'autre mais le noyau central du trouble est l'envahissement de la conscience par des inquiétudes difficiles ou impossibles à maîtriser. Fait essentiel, il ne s'agit que d'anticipation d'événements négatifs pouvant survenir, et non de tracas ou de perturbations faisant suite à des problèmes survenus effectivement.

## …ÈRES DE L'ANXIÉTÉ GÉNÉRALISÉE SELON LE DSM-IV*

… et les soucis excessifs (attente avec appréhen-…nt la plupart du temps durant au moins les …nant un certain nombre d'événements ou …le travail ou les performances scolaires).

… éprouve de la difficulté à contrôler cette

…s soucis sont associés à trois (ou plus) des …uivants (dont au moins certains symptômes …art du temps durant les 6 derniers mois). …: un seul item est requis chez l'enfant.

1) agitation ou sensation d'être survolté ou à bout,
2) fatigabilité,
3) difficulté de concentration ou trous de mémoire,
4) irritabilité,
5) tension musculaire,
6) perturbation du sommeil (difficultés d'endormissement ou sommeil interrompu ou sommeil agité et non satisfaisant).

**D.** L'objet de l'anxiété et des soucis n'est pas limité aux manifestations d'un autre trouble, par exemple, l'anxiété ou la préoccupation n'est pas celle d'avoir une attaque de panique (comme dans le trouble panique), d'être gêné en public (comme dans la phobie sociale), d'être contaminé (comme dans le trouble obsessionnel compulsif), d'être loin de son domicile (comme dans le trouble anxiété de séparation), de prendre du poids (comme dans l'anorexie mentale), d'avoir de multiples plaintes somatiques (comme dans le trouble somatisation) ou d'avoir une maladie grave (comme dans l'hypochondrie), et l'anxiété et les préoccupations ne surviennent pas exclusivement au cours d'un état de stress post-traumatique.

* *Manuel diagnostique et statistique des troubles mentaux* de l'Association américaine de psychiatrie.

**E.** L'anxiété, les soucis ou les symptômes physiques entraînent une souffrance cliniquement significative ou une altération du fonctionnement social, professionnel ou dans d'autres domaines importants.
**F.** La perturbation n'est pas due aux effets physiologiques directs d'une substance (p. ex., une substance donnant lieu à l'abus, un médicament) ou d'une affection médicale générale (p. ex., hyperthyroïdie) et ne survient pas exclusivement au cours d'un trouble de l'humeur, d'un trouble psychotique ou d'un trouble envahissant le développement.

## *Test : souffrez-vous d'une anxiété généralisée ?*

| | | |
|---|---|---|
| **1.** Au cours des six derniers mois, vous êtes-vous senti excessivement préoccupé, inquiet, anxieux, pour des problèmes de la vie de tous les jours, au travail/à l'école, à la maison, ou à propos de votre entourage, ou avez-vous l'impression de vous faire trop de soucis à propos de tout et de rien ? | **NON** | **OUI** |
| Avez-vous ce type de préoccupation presque tous les jours ? | **NON** | **OUI** |
| **2.** Vous est-il difficile de contrôler ces préoccupations ou vous empêchent-elles de vous concentrer sur ce que vous avez à faire ? | **NON** | **OUI** |
| **3.** Au cours des six derniers mois, lorsque vous vous sentiez particulièrement préoccupé, inquiet, anxieux, vous arrivait-il souvent : | | |
| a) de vous sentir agité, tendu, les nerfs à fleur de peau ? | **NON** | **OUI** |
| b) d'avoir les muscles tendus ? | **NON** | **OUI** |

| | | |
|---|---|---|
| c) de vous sentir fatigué, faible, ou facilement épuisé ? | **NON** | **OUI** |
| d) d'avoir des difficultés à vous concentrer ou des passages à vide ? | **NON** | **OUI** |
| e) d'être particulièrement irritable ? | **NON** | **OUI** |
| f) d'avoir des problèmes de sommeil (difficultés d'endormissement, réveils au milieu de la nuit, réveils précoces ou dormir trop) ? | **NON** | **OUI** |
| Y a-t-il au moins trois oui au point 3 ? | **NON** | **OUI** |

(D'après le questionnaire MINI*)

### ➤ Interprétation des résultats

Si vous avez répondu oui aux deux premières questions et si vous avez trois oui au point 3, votre anxiété s'apparente à une anxiété généralisée et il peut être utile de consulter.

## Souffrez-vous d'un trouble de l'adaptation avec anxiété ? La maladie du stress ou TAA

Une forme d'anxiété un peu différente de l'anxiété généralisée est le trouble de l'adaptation avec anxiété (ou TAA). Il s'agit d'une anxiété qui survient dans les

* Mini NeuroPsychiatric Interview.

suites d'un événement de vie ou de stress de l'existence. Il y a là aussi un problème de seuil entre l'anxiété normale réactionnelle et l'anxiété d'adaptation. Cette forme d'anxiété s'exprime par le même type de signes physiques, psychologiques et comportementaux que l'anxiété généralisée, mais les ruminations vont tourner autour de l'événement stressant. L'anxiété résulte d'une difficulté pour la personne à s'adapter et à faire face à un événement, qu'il soit positif ou négatif mais nécessitant un changement et une part d'adaptation.

**LES CRITÈRES DIAGNOSTIQUES DU TROUBLE DE L'ADAPTATION AVEC ANXIÉTÉ SELON LE DSM-IV**

**A.** Développement de symptômes dans les registres émotionnels et comportementaux, en réaction à un ou plusieurs facteurs de stress identifiables au cours des trois mois suivant la survenue de celui-ci (ceux-ci).

**B.** Ces symptômes ou comportements sont cliniquement significatifs, comme en témoignent :

1) soit une souffrance marquée, plus importante qu'il n'était attendu en réaction à ce facteur de stress,

2) soit une altération significative du fonctionnement social ou professionnel (ou scolaire).

**C.** La perturbation liée au stress ne répond pas aux critères d'un autre trouble (spécifique de l'Axe I) et n'est pas simplement l'exacerbation d'un trouble préexistant (de l'axe I ou de l'Axe II).

**D.** Les symptômes ne sont pas l'expression d'un deuil.

**E.** Une fois que le facteur de stress (ou ses conséquences) a disparu, les symptômes ne persistent pas au-delà de six mois.

## *Test : souffrez-vous d'une anxiété liée au stress ?*

| | | |
|---|---|---|
| **1.** Avez-vous vécu un événement de vie stressant dans les trois mois (à titre indicatif vous pouvez vous reporter à la liste ci-dessous) ? | **NON** | **OUI** |
| **2.** Au cours des trois derniers mois, vous êtes-vous senti excessivement préoccupée, inquiet, anxieux, en rapport avec cet événement ? | **NON** | **OUI** |
| Y pensez-vous presque tous les jours ? | **NON** | **OUI** |
| **3.** Vous est-il difficile de ne pas penser à cet événement ou de ne pas vous inquiéter à ce sujet et cela vous empêche-t-il de vous concentrer sur ce que vous avez à faire ? | **NON** | **OUI** |
| **4.** Vous sentez-vous perturbé dans votre vie de tous les jours, dans votre travail ou vos études en raison de vos préoccupations et de votre anxiété survenue après les événements stressants que vous avez vécus ? | **NON** | **OUI** |

**LES PRINCIPALES SITUATIONS DE STRESS À L'ORIGINE D'UN TAA**

| | |
|---|---|
| La vie en couple. | Mise en ménage, mariage, conflit, liaison extra-conjugale, séparation, divorce, naissance d'un enfant… |
| La famille. | Décès, maladie, perte d'autonomie d'un parent.<br>Enfant : échec scolaire, difficulté avec un enfant, maladie, départ d'un enfant de la maison… |
| Autres événements relationnels. | Difficultés avec des membres de la famille, des amis, des voisins, un patron… |
| Le travail et les études. | Problèmes au travail, à l'école, chômage, retraite, mutation, promotion, réussite ou échec à un examen ou un concours… |
| Conditions de vie. | Changement de domicile, achat d'une maison, déplacement à l'étranger… |
| Étapes de la vie. | Puberté, grossesse, ménopause/andropause… |
| Maladies et accidents. | Maladie, intervention chirurgicale, accident… |
| Divers. | Problèmes judiciaires, catastrophe naturelle, agression, vol et cambriolage, escroquerie, harcèlement, difficultés financières, surendettement… |

# Les troubles avec lesquels il ne faut pas confondre l'anxiété

D'autres troubles psychologiques très fréquents sont, par certains points, proches de l'anxiété généralisée et du trouble de l'adaptation avec anxiété. Il ne faut pas les confondre. Il faut savoir qu'ils sont souvent associés. Les principaux sont :

— Les autres troubles anxieux.
— La somatisation et l'hypochondrie.
— La dépression.

## *Les troubles anxieux qui ne sont pas une anxiété généralisée*

| | |
|---|---|
| Le trouble panique. | Il est caractérisé par la répétition d'attaques de panique (crises aiguës d'angoisse) entraînant une peur de refaire une crise. L'attaque de panique est un épisode anxieux avec des manifestations physiques aiguës (palpitations, douleur dans la poitrine, boule dans la gorge, difficulté pour respirer, tremblements, vertiges, sueurs, nausées...) accompagnée de la peur de ne pouvoir échapper à la situation voire la peur de mourir ou de perdre la raison. Les attaques de panique surviennent spontanément sans facteur déclenchant et ont tendance à se répéter. Le trouble panique peut rester isolé ou se compliquer d'agoraphobie. |

| | |
|---|---|
| Les phobies. | La phobie est une peur qui n'est pas centrée sur les soucis de la vie mais sur des situations ou des objets qui n'ont pas de caractère dangereux en eux-mêmes. La personne est consciente que sa peur est exagérée. Mais à chaque fois qu'elle y est confrontée, elle ressent une anxiété qui la conduit à redouter et à éviter la situation. On note trois grandes catégories de phobies : l'agoraphobie, les phobies sociales et les phobies spécifiques. |
| L'agoraphobie. | Vient du grec *agora* qui signifie « place publique ». Cette phobie particulière concerne de nombreuses situations comme la foule, les grands magasins, les grands espaces, les transports en commun, la voiture (surtout les autoroutes), les embouteillages et dans certains cas le simple fait de sortir dans la rue. |
| Les phobies sociales. | La peur est centrée sur le regard que peuvent porter les autres sur soi dans des situations sociales comme parler, manger, boire, travailler en public mais aussi toutes les situations où la personne redoute d'être soumise à l'attention et au jugement des autres. Lors de la confrontation, on ressent une anxiété intense (rougissement, tremblements, palpitations) qui conduit à redouter ces situations et à finir par les éviter. |
| Les phobies spécifiques. | La peur est centrée sur des objets et des situations de la vie quotidienne (hauteur, insectes, animaux, sang, orage, conduite automobile…) sans pouvoir réellement en expliquer la raison. |

| | |
|---|---|
| Les troubles obsessionnels compulsifs (TOC). | La peur est centrée sur une idée qui s'impose à l'esprit comme la saleté, la contamination, se tromper, agresser quelqu'un. Elle est envahissante et incontrôlable. Les *obsessions* s'accompagnent de *compulsions* qui sont des actes répétés sans but faits pour soulager l'anxiété due à l'obsession (vérifier, compter, laver…). La personne qui souffre de TOC est consciente du caractère absurde mais ne peut contrôler ces symptômes. Dans l'anxiété généralisée, certaines préoccupations peuvent prendre un caractère obsessionnel mais ne sauraient être confondues avec les TOC où les thèmes sont différents des préoccupations de la vie de tous les jours. |
| Le stress post-traumatique. | Il se manifeste par une anxiété très intense, entraînant une souffrance presque continuelle qui survient à la suite d'un événement traumatique (attentat, agression, accident…) auquel a été confrontée la personne. Elle a pu être blessée ou seulement témoin d'une scène où la vie était menacée. Comme l'anxiété généralisée, il s'accompagne de signes physiques, mais ce qui le distingue est le syndrome de « reviviscence » qui correspond à des images, des pensées, des cauchemars rappellant l'événement de manière pénible et permanente comme si on le revivait. Ces *flash-backs* peuvent être déclenchés par des stimuli très courants de la vie qui sont exagérés (un bruit, une odeur…). Si le stress aigu dure sur une longue période, s'installe un état de stress post-traumatique. |

### ➤ La somatisation et l'hypochondrie

La préoccupation ne concerne pas toutes les menaces de la vie mais est centrée exclusivement sur le corps et la santé de la personne. L'inquiétude liée à des symptômes physiques ressentis et la crainte de tomber malade sont les principales sources d'anxiété.

### ➤ La somatisation

La somatisation est un état au cours duquel une personne se plaint de façon prolongée de symptômes physiques alors qu'on ne trouve aucune cause médicale. Cet état va donc conduire à des consultations, des examens et des traitements qui n'apporteront aucune solution. Les symptômes peuvent intéresser différents organes et évoluent de façon chronique. Tous les examens qui sont réalisés sont négatifs.

Les symptômes sont très variés : ce sont très souvent des douleurs qui surviennent dans de nombreuses circonstances, comme des maux de tête mais aussi des articulations, du dos, de l'abdomen. Il peut aussi s'agir de douleurs pendant les règles, les rapports sexuels ou lorsque l'on va uriner. Outre les douleurs abdominales, d'autres signes digestifs comme des nausées, des ballonnements ou des diarrhées ne sont pas rares. Les problèmes liés à la sexualité sont également très fréquents et il n'est pas toujours facile d'en parler.

Enfin, la somatisation s'accompagne de manifestations neurologiques, comme des vertiges, une instabilité, des fourmillements, des impressions de décharge électrique ou des contractures dans les muscles.

Comme on ne trouve aucune cause et que les signes physiques durent, un mécanisme anxieux se met en place et va renforcer le problème. La personne anxieuse focalise toute son attention sur les symptômes physiques qu'elle interprète comme la possibilité d'une maladie. Une gêne pour avaler sera liée à un cancer de l'œsophage, des maux de tête à une tumeur au cerveau. La personne va éviter certaines situations ou certains comportements qui pourraient augmenter l'anxiété en rapport avec les symptômes physiques : par exemple, éviter de faire un effort ou de se tenir dans une position particulière de peur d'avoir mal.

Il s'établit ainsi un cercle vicieux qui va conduire à la persistance et au maintien du symptôme et une augmentation de l'anxiété qui ne fera qu'aggraver le problème physique. Le patient qui souffre de somatisation est bien conscient que l'on ne peut expliquer ce problème par un modèle médical, même si c'est loin d'être satisfaisant.

En revanche, certaines personnes sont persuadées d'être malades, et rien ne peut atteindre leur conviction : ce sont des hypochondriaques.

### ➤ L'hypochondrie

L'hypochondrie est une préoccupation excessive centrée sur la crainte ou l'idée d'être atteint d'une maladie grave. L'hypochondriaque va interpréter des symptômes physiques banals comme les signes de la maladie qu'il soupçonne. Une toux passagère peut être attribuée à un cancer du poumon, des palpitations à une maladie cardiaque, une tache sur la peau au sida. Les examens et les propos des médecins ne sont pas rassurants et ne soulagent pas l'inquiétude. La préoccupation est à l'origine d'une grande souffrance qui va perturber la vie quotidienne.

### ➤ La dépression

La dépression est, comme l'anxiété, très fréquente : elle touche 15 à 20 % de la population. Le sentiment central n'est pas, comme dans l'anxiété, la peur d'une menace, mais une vision pessimiste du monde et de soi-même. Il est normal d'être triste à certains moments de notre vie ou lorsque nous devons faire face à des événements difficiles. On parlera d'*épisode dépressif majeur* lorsque cet état dure, n'est pas explicable par des événements extérieurs, et qu'il entraîne une souffrance et un handicap social important.

Ce sentiment s'accompagne de signes physiques et psychologiques comme la fatigue, des douleurs, des troubles du sommeil, mais aussi d'une anxiété. Il n'est donc pas toujours facile de distinguer clairement un trouble anxieux et un trouble dépressif.

## *Comment différencier l'anxiété et la dépression ?*

La distinction entre anxiété et dépression peut être difficile en raison de nombreux symptômes communs. Néanmoins, certains signes permettent l'orientation vers l'un ou l'autre des diagnostics.

| EN FAVEUR D'UNE ANXIÉTÉ | EN FAVEUR D'UNE DÉPRESSION |
|---|---|
| Sensation d'être survolté. | Ralentissement psychomoteur. |
| Perception d'un danger extérieur. | Désintérêt pour l'extérieur. |
| Plaisir préservé. | Perte de plaisir. |
| Doute et incertitude. | Découragement, désespoir. |
| Estime de soi préservée. | Perte de l'estime de soi. |
| Insomnie d'endormissement. | Réveils nocturnes. |

## Test : évaluez votre niveau de dépression*

| | ÉCHELLE DÉPRESSION |
|---|---|
| | Je peux prendre plaisir à un bon livre ou à une bonne émission radio ou de télévision : |
| 0 | Souvent. |
| 1 | Parfois. |
| 2 | Rarement. |
| 3 | Très rarement. |
| | Je prends plaisir aux mêmes choses qu'autrefois : |
| | Oui, tout autant. |
| | Pas autant. |
| | Un peu seulement. |
| | Presque plus. |
| | J'ai l'impression de fonctionner au ralenti : |
| 3 | Presque toujours. |
| 2 | Très souvent. |
| 1 | Parfois. |
| 0 | Jamais. |

* Ceci est la suite de l'échelle HAD (ou *Hospital Anxiety Depression*) de la page 66.

| | |
|---|---|
| | Je ne m'intéresse plus à mon apparence : |
| **3** | Plus du tout. |
| **2** | Je n'y accorde pas autant d'attention que je le devrais. |
| **1** | Il se peut que je n'y fasse plus autant attention. |
| **0** | J'y prête autant d'attention que par le passé. |
| | Je me réjouis d'avance à l'idée de faire certaines choses : |
| **0** | Autant qu'avant. |
| **1** | Un peu moins qu'avant. |
| **2** | Bien moins qu'avant. |
| **3** | Presque jamais. |
| | Je ris facilement et vois le bon côté des choses : |
| **0** | Autant que par le passé. |
| **1** | Plus autant qu'avant. |
| **2** | Vraiment moins qu'avant. |
| **3** | Plus du tout. |
| | Je suis de bonne humeur : |
| **3** | Jamais. |
| **2** | Rarement. |
| **1** | Assez souvent. |
| **0** | La plupart du temps. |
| | **TOTAL DÉPRESSION** |

À partir d'un score supérieur à 10, il existe de fortes chances pour que vous souffriez de dépression et il est préférable de consulter.

**EN RÉSUMÉ**

Une fois que vous avez analysé et mesuré votre anxiété, vous pouvez plus facilement savoir si vous avez un tempérament stressé, anxieux et si vous souffrez d'une anxiété généralisée ou d'un trouble de l'adaptation avec anxiété. Vous devez aussi reconnaître d'autres troubles proches qu'il ne faut pas confondre avec l'anxiété, comme les phobies, les obsessions, la somatisation, l'hypochondrie et la dépression qui peuvent cependant être associées.

Chapitre 3

# *L'anxiété peut-elle être dangereuse ?*

« À bien considérer, il n'y a pas d'autre peur que la peur d'avoir peur. »

ALAIN.

## Combien de personnes en souffrent ?

Même s'il est difficile d'évaluer le nombre exact de personnes qui en souffrent, on peut sans risque avancer qu'il est très important. L'anxiété représente le problème psychologique le plus fréquent. Si l'on considère le trouble d'anxiété généralisée, on estime que 3 millions de Français (5 % de l'ensemble de la population) souffriront de ce problème au cours de leur vie. Si l'on considère toutes les formes d'anxiété, ceci pourrait toucher plus de 15 millions de personnes en France*.

Les femmes sont deux fois plus touchées que les hommes. Les raisons ne sont pas claires : certains mettent en avant la possibilité de facteurs hormonaux, d'autres de facteurs sociologiques ou même le fait que les femmes vont plus facilement parler d'un problème psychologique que les hommes. L'anxiété touche tous les milieux et toutes les classes sociales. On trouve parmi les personnages célèbres des anxieux comme chez tout le monde.

## À quel moment de la vie l'anxiété peut-elle débuter ?

Si l'anxiété commence dans l'enfance et à l'adolescence une fois sur deux, dans les autres cas, elle survient le plus souvent chez l'adulte jeune entre 20 et 30 ans.

Certaines étapes qui marquent la vie de toute personne demandent un effort d'adaptation particulier et peuvent être sources d'anxiété. Elles génèrent une bonne dose d'incertitudes.

### ➤ Le changement de cycle scolaire

On peut établir un parallèle, quelles que soient les étapes de ce que peut ressentir chacun, entre un

* Lepine J.-P., Lellouch J., « Étude épidémiologique des troubles dépressifs et anxieux dans une population générale », *Ann. Med. Psychol.*, 1993, 151, 9 : 618-623.

**LES ANXIEUX CÉLÈBRES**

Le pianiste Glenn Gould, célèbre interprète des *Variations Goldberg* de Bach se plaignait de très nombreuses manifestations physiques et d'innombrables peurs. Il écrivait dans son journal : « Il est tout à fait possible, même probable que tout cela ait une cause psychique. »

Abraham Lincoln, seizième président des États-Unis et qui a été à l'origine de l'abolition de l'esclavage était, malgré les responsabilités qu'il assuma durant la guerre de Sécession, un grand anxieux.

John Steinbeck, prix Nobel de littérature, auteur des *Raisins de la colère* a souffert toute sa vie d'une intense anxiété dont il faisait remonter l'origine à son enfance. Décrit comme craintif et nerveux, il avait le sentiment permanent de ne jamais être à la hauteur devant une mère très autoritaire.

Alfred Hitchcock, très perfectionniste, contrôlait ses films dans les moindres détails et était très anxieux à l'idée de toute improvisation. « Je suis quelqu'un de très peureux, j'aime qu'autour de moi tout soit limpide, sans nuages, parfaitement calme. »

Impossible d'oublier Woody Allen qui, à l'écran comme dans les interviews, donne de lui l'image d'un personnage anxieux, ironisant sur sa longue relation avec les psychanalystes.

Près de nous, l'acteur Michel Blanc reconnaît être anxieux et hypochondriaque et y puiser l'inspiration de ses films : « Si je n'en faisais pas des films j'irais probablement consulter un psy… »

enfant, un adolescent ou un jeune adulte lors de la confrontation à la nouveauté, de l'entrée en maternelle, au CP, au collège, au lycée, à l'université. Les raisons sont multiples : la nouveauté (un nouveau cadre, de nouveaux professeurs et enseignants), la peur de l'échec (se mesurer). Ces changements s'inscrivent dans la continuité, mais on peut avoir l'impression de perte de repères, de tout recommencer et de se mettre en danger.

### ➤ Le mariage ou la naissance d'un enfant

Ce sont des événements positifs mais qui peuvent conduire à s'interroger sur son engagement et faire entrevoir de nombreuses sources d'incertitudes. Il ne faut pas oublier que la grossesse et l'accouchement, même si ce sont les événements les plus naturels, impliquent des changements de vie considérables. Il y a aussi, après, la responsabilité d'avoir un enfant, l'angoisse de savoir s'il ne va rien lui arriver ou tout simplement, la peur de ne pas être capable de l'éduquer correctement.

### ➤ Les différentes crises

On pourrait dire qu'il y a des crises pratiquement à chaque décennie. On a surtout évoqué la *crise du milieu de la vie** qui est en fait repoussée sans cesse en raison de l'allongement de la durée de la vie (quarantaine, cinquantaine, voire soixantaine...). Ces « crises » résultent de l'inquiétude liée à certaines questions : « qu'est-ce que j'ai fait ? « vais-je vivre tout le temps comme cela ? » La vie professionnelle, le conjoint et d'autres habitudes créent une interrogation qui peut se traduire par une anxiété que l'on qualifie d'existentielle.

---

* Millet-Bartoli F., *La Crise du milieu de la vie*, Paris, Odile Jacob, 2002.

➤ **L'âge mûr**

Il conduit à de nombreux changements par rapport au travail et à l'activité et impose de nouveaux cycles, notamment chez les seniors avec la perte de l'activité et de la reconnaissance professionnelle, le départ des enfants qui, pour certaines personnes, les privent d'une partie du moteur de leur vie.

## Est-on plus ou moins stressé et anxieux avec l'âge ?

Le senior est confronté à de nombreux stress, et l'anxiété est fréquente. Il doit faire face à de nombreuses difficultés : la maladie, la perte d'autonomie, le décès du conjoint, la confrontation à l'idée de la mort et la difficulté à trouver une motivation et des projets d'avenir.

*Bernadette, 78 ans, a toujours été anxieuse et elle trouve que cela ne va pas en s'arrangeant. Un rien l'effraie et elle évite de sortir. Ses angoisses touchent surtout ses problèmes de santé. Cela la fatigue beaucoup et elle se demande comment elle va s'occuper de son petit-fils pendant les vacances. Elle voudrait être utile aux autres mais elle ne se sent vraiment pas bien.*

Avec l'âge, certaines personnes deviennent plus anxieuses alors qu'elles ne l'étaient pas. Pour d'autres, on assiste à une aggravation d'un état anxieux qui a

**LES PRINCIPAUX STRESS ET ÉVÉNEMENTS DE VIE AUXQUELS DOIVENT FAIRE FACE LES SENIORS**

— La maladie.
— La diminution des facultés (vision, audition).
— Les pertes de mémoire.
— Les douleurs.
— La précarité financière.
— L'isolement et la solitude.
— La perte du conjoint.
— L'éloignement des enfants.
— La perte d'autonomie.
— La peur de perdre la tête (démence).

toujours existé. L'anxiété, chez la personne âgée, s'exprime souvent par des plaintes physiques, de la fatigue et des troubles de la mémoire et de la concentration, au premier plan par rapport aux soucis. On observe aussi une irritabilité, des sautes d'humeur et de nombreuses insatisfactions.

Sur le plan du mode de vie, l'anxiété peut conduire à un évitement et à un isolement, comme pour éviter les dangers et se protéger. La restriction progressive des centres d'intérêt fait que certaines personnes âgées se ferment sur elles-mêmes, ce qui ne fait qu'augmenter leurs craintes. Des troubles de la mémoire sont souvent présents et inquiètent les familles qui redoutent une maladie d'Alzheimer alors que cela n'a rien à voir.

L'anxiété du senior se traduit par une préoccupation pour la santé. Souvent derrière se profile la peur bien légitime d'une perte d'autonomie ou même de la mort. L'anxiété peut accompagner un autre état fréquent chez la personne âgée : la dépression. Elle peut déboucher sur ce que l'on appelle un *glissement* qui peut conduire à des idées de suicide : « la vie ne vaut plus la peine, je suis arrivé au bout. »

## Comment l'anxiété nuit à la santé

Une étude retrouve chez des personnes anxieuses deux fois plus de troubles cardiaques, gastro-intestinaux, gynécologiques et endocriniens que chez les personnes non anxieuses. Cela ne prouve pas que l'anxiété a, chez ces personnes, causé la maladie : elles ont pu devenir anxieuses une fois l'installation de la maladie. Ce que l'on peut dire, c'est que l'anxiété ne fait pas bon ménage avec la maladie et qu'il est très important de la contrôler.

*François a eu l'année dernière une alerte cardiaque et il est resté hospitalisé une semaine pour un bilan. Il reçoit un traitement et doit effectuer des visites de surveillance régulière. Son cardiologue lui a dit que son état était stable. Mais au moindre signe comme une pointe au cœur, un essoufflement, François panique et pense que cela recommence. Il se pose aussi beaucoup de questions sur son avenir, ses enfants, ne sait pas s'il aura le temps de les voir grandir. Il le reconnaît depuis son problème de santé, l'anxiété ne le quitte plus.*

Toutes les maladies et les problèmes de santé génèrent de l'anxiété. Elle évolue généralement en trois phases avec un pic aigu au moment de l'annonce, puis une stabilisation et enfin une diminution progressive avec le temps. Chez certains malades, un niveau d'anxiété élevé persiste et il a été clairement montré qu'elle peut aggraver le pronostic de la maladie.

Une étude a montré que dans les cinq ans suivant un problème cardiaque (angine de poitrine, infarctus), il existe chez les anxieux un risque plus élevé de récidives.

Les raisons du maintien d'un niveau d'anxiété élevé :

• *La confusion des symptômes* : l'anxiété s'exprime par des signes physiques qui se confondent avec ceux de nombreuses maladies. Par exemple, une douleur abdominale fera penser à une maladie inflammatoire du côlon, une gêne respiratoire à une crise d'asthme, une douleur dans la poitrine à un problème cardiaque, des maux de tête à un problème au cerveau... Le malade ne sait pas si ces signes sont dus à sa maladie ou à son anxiété. Les nombreux signes physiques de l'anxiété ne font qu'alimenter une anxiété de fond et augmenter les symptômes par une appréhension. On ressent plus fort ce que l'on redoute.

• *Le refus et le déni de sa maladie* : il est extrêmement difficile d'accepter sa maladie que quelque part on refusera toujours. Le fait de refuser la réalité, de ne pas parler, de n'exprimer aucune émotion sur sa maladie amène souvent à développer une anxiété qui s'exprimera tôt ou tard. Il est indispensable de s'adapter au mieux à sa maladie en y faisant face par soi-même et en acceptant l'aide extérieure (médicale et familiale ou amicale) plutôt que tout rejeter en bloc.

• *L'inquiétude de l'avenir* : c'est la première source d'anxiété pour le malade. Elle dépend de la gravité et de l'évolution de la maladie. Un problème aigu est différent d'une maladie chronique dont on ne guérit pas. Les séquelles (par exemple une opération d'un sein), les contraintes de traitements (chimiothérapie...) de suivi (contrôle et examens réguliers), le risque de rechute nourrissent l'anxiété. Mais c'est aussi et surtout la façon dont la personne vit toutes ces difficultés qui influence le niveau d'anxiété.

## Pourquoi il peut être dangereux de ne pas soigner l'anxiété

Sans traitement, l'anxiété évolue sur un mode chronique avec des périodes de stabilisation puis des périodes de rechutes, entrecoupées de rémissions plus ou moins longues. Dans ce cas, il existe un risque de complication et d'associations avec d'autres troubles psychologiques.

Les complications de l'anxiété ne sont pas seulement médicales mais aussi psychologiques. Les principales sont :

— la dépression,
— les autres formes d'anxiété,
— les conduites addictives (alcoolisme, toxicomanie, dépendance aux médicaments, au tabac, troubles alimentaires).

### *Jusqu'à la déprime*

*Christophe affrontait chaque jour de sa vie avec anxiété. Jusqu'au jour où il a craqué. Il s'est senti débordé. Il n'avait même plus la force de ruminer. Il est, sans prendre garde, entré dans une dépression jusqu'à devoir arrêter son travail, ne plus avoir de goût et ne plus avoir de projets en l'avenir.*

La principale complication de l'anxiété est la survenue d'une dépression. Cela peut très bien se comprendre dans le sens où plus l'anxiété est envahissante, plus elle est incontrôlable, plus elle perturbe la qualité de la vie et plus elle s'accompagne d'un découragement.

> Si vous sentez des signes tels qu'un fléchissement du moral, une perte du goût des choses que vous aimez, une mauvaise estime ou image de vous, si vous avez la perception que la vie ne vaut plus la peine, que votre avenir est bouché, si vous ressentez une fatigue inhabituelle dès le matin, une insomnie qui vous réveille la nuit ou au petit matin sans pouvoir vous rendormir, une anxiété qui devient encore plus forte, il faut demander conseil à votre médecin.

Les risques les plus importants de la dépression sont la culpabilité et les idées noires pouvant conduire au suicide.

En cas de doute sur une dépression, il faut absolument consulter un médecin. Le traitement associe les antidépresseurs à la psychothérapie. Seules les formes graves nécessitent une hospitalisation et l'on peut s'en sortir dans la majorité des cas par un suivi de consultation qui peut durer plusieurs mois.

**QU'EST-CE QU'UNE DÉPRESSION ?**

La dépression est différente d'une simple tristesse ou d'une fatigue passagère : c'est une maladie qu'il faut prendre au sérieux et soigner. La dépression est une souffrance à la fois psychique et physique qui conduit à ne plus pouvoir assurer ses activités quotidiennes.

Deux signes sont particulièrement caractéristiques :

— La baisse de moral avec une vision négative de soi-même et du monde : ce sont les idées noires.

— Une diminution des plaisirs pour les choses qui habituellement procurent du plaisir (loisirs, amis…).

S'associent d'autres signes qui, parfois, sont ceux qui s'expriment le plus :

— des troubles du sommeil,

— une fatigue et un ralentissement,

— une diminution de l'appétit.

IMPORTANT : pour parler de dépression il faut que ces signes durent au moins quinze jours, de façon pratiquement continuelle, sinon il peut s'agir d'une baisse passagère de moral que tout le monde a vécue.

## *Du petit verre qui détend à la dépendance*

*Jean-Pierre reconnaît qu'il est aujourd'hui accro et qu'il a besoin de boire, sans cela il ne se sent pas bien. Au début, un petit verre avec les collègues lui procurait une sensation de bien-être. Il se sentait détendu, pouvait plaisanter ; il a découvert des moments formidables avec l'alcool. Il était enfin lui-même, plus extraverti, avec plus d'assurance en toutes circonstances. Mais vite, c'est devenu un vrai cauchemar. Il n'arrivait plus à s'arrêter, cela ne le calmait*

***plus : il devait boire de plus en plus, sinon il avait des sueurs et des tremblements et tout le monde s'en rendait compte. C'est devenu l'enfer, plus il continue à boire plus il est anxieux.***

Il existe un effet pervers de l'alcool sur l'anxiété. Certains disent que boire de l'alcool soulage leur anxiété. En fait, ce bénéfice est trompeur et de courte durée. Si au début, l'alcool en petite quantité a des effets « anxiolytiques », lors de la répétition des prises en quantité de plus en plus importante, l'alcool devient au contraire « anxiogène ».

> Il ne faut donc pas se méprendre sur le soulagement trompeur que procure l'alcool au début. *L'alcool est en fait un très anxiolytique dangereux.*

Le risque est grand pour l'anxieux de tomber dans le cercle infernal de la dépendance. Lorsque celle-ci s'installe, l'anxiété est encore aggravée. Le manque d'alcool provoque un syndrome de sevrage qui pousse la personne à reconsommer. Le sevrage s'accompagne de signes physiques comme des sueurs et des tremblements, mais aussi d'une anxiété, d'une irritabilité, d'une tension et d'une insomnie. L'anxiété de sevrage va augmenter l'anxiété de base et conduire la personne, pour tenter de se soulager, à reprendre de l'alcool. L'anxiété représente un véritable risque de rechute.

Plus l'on se sent anxieux, plus il faut être prudent, vigilant et savoir contrôler sa consommation d'alcool. Gérer l'anxiété est une aide indispensable pour sortir de l'engrenage anxiété-alcool, sinon on risque les plus grandes difficultés pour arrêter et la rechute est plus menaçante.

**OÙ EN ÊTES-VOUS AVEC L'ALCOOL ?**

— Est-ce que j'ai parfois envie de boire de l'alcool et est-ce que je suis tendu et nerveux d'attendre ?
— Est-ce que je prends parfois un verre pour soulager mon anxiété ?
— Dois-je en consommer plus qu'avant pour me détendre ?
— Quand je n'ai pas pris d'alcool pendant un certain temps, est-ce que je peux ressentir des signes physiques et une anxiété ?

## *Je ne peux plus me passer de tranquillisants*

> *« J'allais tellement mal que je voulais quelque chose pour me soulager vite. Mon médecin m'a prescrit des anxiolytiques et cela m'a enlevé un peu la boule que j'avais en permanence au fond de moi. J'ai vite compris que ce n'était pas pour autant réglé. Mon anxiété revenait, mais moi, je ne pouvais plus me passer de mes petites pilules. Sinon c'était simple, je ne dormais pas et j'étais tellement anxieux dans la journée que je ne pouvais rien faire. Aujourd'hui, cela m'aide à tenir mais c'est clair depuis maintenant près de dix ans je ne peux plus me passer de médicaments. »*

Un article publié dans *Science et Vie* en 1989 avait fait grand bruit à l'époque avec sa une intitulée : « Les Français, camés aux tranquillisants ». On sait que les Français sont les premiers consommateurs mondiaux d'anxiolytiques. Pour les benzodiazépines, principaux tranquillisants, on évalue à 25 à 30 % le nombre de Français qui utilisent au moins une benzodiazépine au cours de l'année et à 5 à 7 % d'utilisateurs réguliers. La consommation touche tout le monde, mais elle est plus importante chez les femmes. Elle augmente également avec l'âge et pose un problème chez la personne âgée, parce qu'elle favorise les chutes et les accidents. Si les benzodiazépines sont des médicaments qui soulagent l'anxiété, leur inconvénient majeur est de conduire à l'abus et à la dépendance.

Les mécanismes comportementaux qui aboutissent à la dépendance sont proches de ceux évoqués avec l'alcool. L'effet de l'anxiolytique sur l'anxiété produit une tendance à réutiliser le produit pour avoir le même effet (renforcement positif), le sevrage conduit au contraire par les effets négatifs produits à reprendre le produit (renforcement négatif).

**OÙ EN ÊTES-VOUS DE VOTRE CONSOMMATION D'ANXIOLYTIQUES ?**

— Depuis combien de temps exactement prends-je des tranquillisants (ou si j'ai arrêté entre-temps, pendant combien de temps en ai-je pris durant ma vie) ?
— Suis-je prêt à me faire aider et à essayer d'autres traitements dont je pourrais plus facilement me passer et à apprendre des techniques qui m'aideront à arrêter ?

## *Je fume pour me calmer*

*Henri est un gros fumeur qui a commencé à l'adolescence et qui aujourd'hui ne peut plus se passer de la cigarette. Il veut arrêter et a tout essayé, les patchs, l'acupuncture et même des médicaments. Cela n'a jamais tenu plus d'un an. Il garde un souvenir très pénible des périodes de sevrage. Il se sent tendu, ne peut se concentrer, est irritable, dort très mal et ressent des bouffées d'angoisse avec une envie très forte de cigarette. « Il me manque quelque chose, le tabac doit m'aider à combler quelque chose, je me demande si je peux vraiment m'en passer. »*

**OÙ EN ÊTES-VOUS AVEC LA CIGARETTE ?**

— Est-ce que je fume plus dans les périodes de stress (examen, travail) ?
— Est-ce que je fume plus quand je suis énervé et tendu ?
— La cigarette me calme-t-elle réellement de façon durable ?
— Si je ne fume pas pendant au moins une journée, serai-je plus anxieux et nerveux que d'habitude ?

**LE CANNABIS CALME-T-IL RÉELLEMENT L'ANXIÉTÉ ?**

Sans entrer dans le sujet actuel du pour ou contre la dépénalisation du cannabis, beaucoup d'utilisateurs de cannabis disent que cela leur procure un état de détente et de calme. Il faut savoir que chez certaines personnes anxieuses, l'utilisation de cannabis, soit tout au début, soit à un moment quelconque, peut conduire à une anxiété et même à une crise de panique très violente. Les modifications physiques, sensorielles et émotionnelles induites y sont certainement pour quelque chose. Par exemple, des sensations très fortes que l'on ne perçoit pas habituellement et la perte du contrôle peuvent déclencher une anxiété pouvant aller jusqu'à une attaque de panique. Nous dirons donc que chez certaines personnes anxieuses, le cannabis, comme les autres drogues, est anxiogène et qu'il vaut mieux les arrêter pour gérer son anxiété.

Même si le tabac a des effets psychiques beaucoup moins puissants que l'alcool ou les tranquillisants, il est souvent associé par le fumeur à des moments de bien-être et de détente. Chez les jeunes, en plus du phénomène d'entraînement par le groupe, le mal-être anxieux peut amener à commencer la cigarette. On note ce phénomène aujourd'hui chez les filles dont une proportion de plus en plus importante fume.

On trouve une part importante de fumeurs chez les anxieux, mais on le sait bien, tous les anxieux ne fument pas. Les anxieux qui fument augmentent souvent leur consommation face à des stress ou des phases d'anxiété plus forte. Classiquement, on note une augmentation de l'anxiété dans la période de sevrage qui suit l'arrêt du tabac. Il faut le savoir et s'y préparer au mieux car l'anxiété est certainement le facteur numéro un de rechute chez l'ancien fumeur. Cette période dure souvent quelques jours et s'améliore après assez vite. Une étude récente montre au contraire une diminution de l'anxiété à l'arrêt, qui serait due à la disparition du facteur anxiogène, la nicotine.

## Je grignote et je mange trop

*Ophélie est tellement anxieuse qu'elle a pris 6 kg à force de grignoter ; elle tente aujourd'hui de les perdre. Quand elle rentrait à la maison, elle ouvrait automatiquement le réfrigérateur. Devant la télé, machinalement elle vidait un paquet de chips. Dans la journée, des barres chocolatées. Elle reconnaît qu'elle est gourmande, mais qu'elle est tellement tendue et anxieuse qu'elle se réfugie parfois dans la nourriture, comme quelqu'un d'autre dans l'alcool ou les médicaments.*

Certaines personnes, pour diminuer leur stress et leur anxiété, vont se réfugier dans la nourriture et surtout dans les grignotages en dehors des repas. C'est vers les sucreries et particulièrement le chocolat que beaucoup se tournent. Cela ne veut pas dire que l'organisme est en manque de sucre et que le cerveau commanderait à en consommer de façon compulsive. C'est avant tout une sensation de plaisir qui est recherchée et qui soulage une tension devenue trop importante, de façon tout à fait comparable au fumeur qui allume nerveusement une cigarette. D'autres ont plutôt une attirance vers le salé et les chips ou les cacahouètes à l'effet dévastateur. « Quand je commence, je ne peux plus m'arrêter et je vide le paquet. »

**LE CAFÉ : UNE SUBSTANCE TRÈS ANXIOGÈNE**

Le lien entre le café et l'anxiété est bien établi et connu depuis très longtemps. Certaines personnes le savent très bien : lorsqu'elles boivent trop de café, elles vont avoir des palpitations ou ne dormiront pas. C'est une question de fragilité, car d'autres personnes peuvent en boire autant qu'elles le veulent sans que cela leur pose de problème. Le café pris régulièrement peut même aggraver des états anxieux et provoquer un état de tension et d'excitation permanente. Les palpitations et les extrasystoles (que l'on ressent comme un pincement dans la poitrine et qui correspondent à un battement du cœur anticipé sans gravité) sont très fréquentes. On sait que la caféine peut déclencher des attaques de panique chez des personnes anxieuses. Lorsqu'on est fragile, l'arrêt du café est un moyen simple d'améliorer son anxiété.

Ces petits troubles alimentaires sont très différents de la boulimie caractérisée par des épisodes compulsifs (survenant brutalement et ne pouvant être contrôlés) d'ingestion de grande quantité de nourriture, suivie par une phase de culpabilité souvent associée à des vomissements volontaires. Il ne faut cependant pas oublier que beaucoup de jeunes filles qui souffrent d'anorexie et de boulimie ont un stress et une anxiété associés qui peuvent renforcer et aggraver leur trouble alimentaire.

## *Je suis devenue phobique*

*Pour Michèle l'anxiété est une très longue histoire qui a commencé dès l'adolescence par une anxiété diffuse. Puis elle a eu des attaques de panique qui survenaient quand elle sortait de chez elle. Elle a fini par devenir agoraphobe et évite aujourd'hui de très nombreuses situations comme les magasins et les transports en commun. Elle ne conduit plus du tout depuis des années, ce qui l'empêche d'être autonome et de se déplacer quand elle le veut.*

L'anxiété et l'agoraphobie sont fréquemment associées. Lorsque l'agoraphobie est installée, elle entraîne une anxiété et un évitement dans beaucoup de déplacements comme le train, le bus ou le métro et la voiture, surtout sur autoroute. Elle est aussi gênante pour les courses dans les grandes surfaces, le cinéma, le théâtre, les grands espaces ou au contraire les endroits fermés comme les ponts, les tunnels et les ascenseurs.

## Quand l'anxiété devient un vrai handicap

*« Je me lève le matin avec des angoisses très fortes, j'ai peur de la journée et je sais qu'elle ne me lâchera pas. Je dois lutter pour assumer mon travail et à la maison, c'est la même chose. Des fois, je me fais une joie de sortir ou de faire quelque chose avec des amis et tout d'un coup cela me prend, j'en pleurerais de rage : l'anxiété m'empêche de vivre. »*

[illegible] ceux qui en souffrent, l'anxiété gâche [illegible] moments qui pourraient être un plaisir. [illegible] se de leur anxiété, n'ont pas pu faire [illegible] voulaient ni s'engager dans un travail [illegible] ni même mener la vie qu'ils auraient [illegible]

[illegible] cas moins fréquents, l'anxiété devient [illegible] ndicap qui peut empêcher de travailler, [illegible] des et de mener une vie dite normale. [illegible] soin de l'assistance des autres et sont [illegible] leurs proches pour se déplacer car tout [illegible] st source d'inquiétude : l'anxiété est [illegible] qu'elle devient paralysante.

*[illegible] de Thierry qui est en arrêt de maladie à [illegible] on anxiété depuis un an. Il a tenté de reprendre son travail mais a dû s'arrêter au bout de quinze jours. C'était impossible, il ne pouvait faire face : chaque fois qu'il devait entreprendre quelque chose, c'était comme si un mur se dressait devant lui. Maintenant, pour se déplacer sa femme doit l'accom-*

*pagner : il a peur de conduire, de prendre un train, un bus, tout est pour lui insurmontable. Il s'accroche, mais parfois, il doit se raisonner pour ne pas baisser les bras.*

Si l'anxiété est parfois moins grave que d'autres problèmes de santé, il ne faut pas négliger le retentissement qu'elle a sur la qualité de la vie des personnes qui en souffrent. Elle touche tous les domaines de la vie quotidienne. La crainte de l'accident ou des sorties va par exemple vite perturber la vie familiale : la personne anxieuse limite ses déplacements ou ses initiatives pour ne pas réactiver ses soucis. Les temps de plaisir comme les vacances ou les loisirs peuvent être totalement parasités par l'anxiété : l'anxieux ne sait pas profiter des plaisirs de la vie car il est toujours en alerte du danger à venir. L'anxiété n'est pas reconnue comme un motif suffisamment grave pour être prise en compte. Alors que des personnes sont en arrêt de travail ou même en invalidité à cause de leur anxiété.

Testez combien l'anxiété peut perturber votre propre qualité de vie.

Quels sont les domaines qui sont le plus touchés ?

## *Test : anxiété et qualité de vie*

Évaluez de 0 à 4 le niveau de gêne qui correspond le mieux aux différents secteurs de votre vie quotidienne.

*Votre travail ou vos études :* l'anxiété vous gêne pour aller à votre travail, à surmonter les tâches professionnelles, les relations avec les collègues ou la hiérarchie, vous empêche de mener de nouveaux projets ou d'évoluer. L'anxiété vous gène dans vos études ou dans une formation.
0 : Pas du tout.
1 : Un peu.
2 : Moyennement.
3 : Beaucoup.
4 : Énormément.

*Votre vie de famille :* l'anxiété vous gêne pour vous occuper de votre famille : emmener les enfants à l'école, passer du temps avec eux pour les loisirs et les devoirs, vous occuper de votre maison ou faire des démarches en rapport avec la vie familiale.
0 : Pas du tout.
1 : Un peu.
2 : Moyennement.
3 : Beaucoup.
4 : Énormément.

*Votre vie de couple et relationnelle :* l'anxiété vous gêne dans votre vie affective, votre sexualité, les relations amicales, les relations avec votre famille ou votre entourage proche.
0 : Pas du tout.
1 : Un peu.
2 : Moyennement.
3 : Beaucoup.
4 : Énormément.

*Vos loisirs et les plaisirs :* l'anxiété vous gêne pour vos vacances, les week-ends, pour les loisirs (sport, sorties, spectacles…) seul ou avec votre entourage, des activités de plaisir (bon repas, shopping, balades…).

0 : Pas du tout.
1 : Un peu.
2 : Moyennement.
3 : Beaucoup.
4 : Énormément.

*Interprétation des résultats*

Faites le total de vos points.

• Entre 0 et 8 : l'équilibre que vous avez trouvé vous permet de développer une qualité de vie satisfaisante. Vous parvenez à gérer votre stress et l'anxiété de votre environnement. Si vous souhaitez améliorer encore cet équilibre vous pouvez le faire par vous-même.

• Entre 8 et 12 : il y a des domaines de votre vie qui sont perturbés par l'anxiété et il faut veiller à les améliorer et à vous prendre en charge.

• Plus de 12 : vous devez agir vite par vous-même ou en vous faisant aider pour éviter que l'anxiété devienne à la longue un handicap et se complique d'autres problèmes.

**EN RÉSUMÉ**

Si l'on n'y prend pas garde et qu'on laisse l'anxiété évoluer pour son propre compte, des complications sont à redouter comme la dépression ou la dépendance à l'alcool, au tabac, aux médicaments et aux autres drogues. L'anxiété, quand elle n'est pas soignée, aggrave aussi les maladies et les problèmes de santé. Elle perturbe alors la qualité de la vie et le bien-être et empêche de vivre pleinement sa vie.

DEUXIÈME PARTIE

# Apprenez à gérer votre stress et votre anxiété

# Chapitre 4

# *Prenez-vous en charge*

> « La méthode psychique exige avant tout du patient qu'il agisse sur lui-même. »
>
> Stefan ZWEIG.

Il n'existe pas un remède miracle contre l'angoisse, qui a de multiples formes. Mais il existe de nombreuses techniques antistress et antianxiété : à vous de faire le tri et de choisir celle qui vous convient. Certains traitements ont fait la preuve de leur efficacité lors d'études scientifiques, d'autres apportent un soulagement variable selon les cas et peuvent être un bon complément.

Il faut insister sur le fait que chacun est au centre de son propre changement et qu'on ne peut pas attendre d'une aide extérieure qu'elle résolve tous nos problèmes. À chacun de changer à la fois sa façon de penser et son comportement face aux événements de l'existence. Le plus souvent, on est capable de se prendre en charge seul et d'obtenir de bons résultats, il faut seulement procéder avec méthode et suivre quelques règles simples.

Quelques conseils :

• Identifiez bien votre anxiété, lisez attentivement la première partie de ce livre, revenez sur les points qui vous touchent de plus près, documentez-vous sur le sujet.

• Tentez de vous en sortir par vous-même, apprenez à maîtriser votre anxiété.

• Inventez une nouvelle façon de penser et de vous comporter face aux stress de la vie.

• Si vous en ressentez le besoin, n'hésitez pas à demander des conseils et de l'aide à un médecin ou à un psychologue.

• Ne multipliez pas les médecins à la recherche du remède miracle.

• Faites confiance à un thérapeute puis évaluez les bénéfices.

• Changez de méthode si elle ne vous convient pas, de thérapeute si le contact ne passe pas.

• Les médicaments sont parfois utiles mais ne tombez pas dans la dépendance.

• Persévérez et procédez méthodiquement.

• Si vous pensez que c'est nécessaire, recherchez des causes plus profondes à votre anxiété dans votre vie.

## Acceptez votre anxiété

*Bruno a vu de nombreux médecins et fait beaucoup d'examens médicaux avant de comprendre qu'il était anxieux. Aujourd'hui, il sait qu'il n'est pas seul et il peut enfin en parler. Il sait qu'on ne peut supprimer totalement l'anxiété et qu'il faut vivre avec mais aussi qu'il peut faire quelque chose pour s'en sortir.*

Beaucoup de personnes comme Bruno ont longtemps cherché la cause de leur mal-être. Certaines sont à la recherche d'une cause médicale, d'autres d'une cause venant plus d'eux-mêmes et de leur vie. L'anxiété a une cause psychologique, même si elle s'exprime à travers le corps. Il n'est pas toujours facile de mettre un nom sur son mal-être. C'est pourquoi la reconnaître permet de mieux l'accepter et de la faire accepter à l'entourage pour qui ce que l'on ressent n'est pas évident.

Quelques conseils :

- L'anxiété n'est pas une maladie honteuse.
- Je ne suis pas seul dans ce cas, beaucoup de personnes sont comme moi.
- On ne peut réduire complètement l'anxiété, je dois en partie vivre avec.
- Des moyens existent pour diminuer l'anxiété, pour qu'elle soit beaucoup moins gênante.
- Pour changer, il faut que je le veuille vraiment et cela doit venir de moi.

S'il est si facile de changer, pourquoi tant de personnes souffrent-elles d'anxiété et ne s'en sortent pas ?

Vous avez décidé de passer à l'action, dites-vous qu'on ne peut tout changer, on doit apprendre à supporter une dose d'incertitude dans l'existence. Si on n'accepte pas cela, on est en constante recherche de quelque chose d'impossible.

Notre plus grande difficulté, face au changement, c'est notre propre résistance. C'est-à-dire que, pour des motifs plus ou moins avoués et conscients, le changement semble, à tel moment donné, impossible.

## Comment vaincre vos résistances ?

### *Ne soyez pas centré sur vous-même*

*« Si on lui dit quelque chose, il ramène tout à lui. On peut lui parler, il n'écoute même pas, il est tout le temps en train de se ronger et de parler de lui. On dirait qu'il n'y a que ses problèmes qui comptent, comme si les autres n'en avaient pas. »*

Ce jugement peut paraître sévère mais il est vrai que l'anxieux se renferme vite dans son monde et laisse ses soucis l'envahir. Par la force des choses, il se centre de plus en plus sur sa personne et finit, même si ce n'est pas volontaire, par moins s'intéresser aux autres. Il parle sans cesse de ce qui le préoccupe comme pour se soulager.

Il faut rechercher l'aide des autres, mais ils ne peuvent pas tout partager. Tout ramener à soi peut donner l'illusion d'évacuer son anxiété, en fait c'est bien souvent le contraire.

Quelques conseils :

- Ne vous laissez pas submerger par de longues analyses de vos soucis.
- Ne ramenez pas tout à vous.
- N'alimentez pas sans cesse les problèmes en les retournant dans tous les sens.

• Ne passez pas votre temps à vous plaindre que cela ne va pas.

• Ne pensez pas que votre problème est le seul sur terre.

• Ne faites pas tourner votre vie autour de votre seule personne.

• Dites stop et oubliez vos préoccupations.

## *Ne restez pas seul, ne vous isolez pas*

« *Je ne suis bien nulle part, alors pourquoi aller voir les gens ? Je n'ai rien à leur dire et ils n'ont rien à faire de moi.* »

Voilà une bien mauvaise façon de se sortir de son anxiété, qui ne fera qu'aggraver les choses. En vous isolant, vous perdez le goût et le plaisir des choses simples de la vie qui restent un moteur indispensable. Les autres ne viendront vous aider que si vous le leur demandez. Cette attitude solitaire ne fait qu'aggraver l'anxiété et peut à la longue précipiter vers une dépression.

Quelques conseils :

• N'attendez pas que les autres viennent vous aider, faites le premier pas.

• Ne refusez pas toutes les invitations sous prétexte que vous ne vous sentez pas bien, vous ne serez pas mieux chez vous, cela ne changera rien à votre anxiété.

• Essayez de vous distraire et de voir du monde.

• Forcez-vous à téléphoner à vos proches et à sortir régulièrement.

• Lorsque l'occasion se présente, parlez de vos problèmes.

• Ne pensez pas que seul vous arriverez à mieux résoudre vos difficultés.

## Allez à l'essentiel

*Alexandra voudrait tout résoudre, mais souvent elle se disperse en voulant mener plusieurs choses de front. Elle a le souci du détail et tout lui semble important. Dans ses études, cela lui a joué des tours. Aujourd'hui, dans son travail, c'est la même chose, elle a du mal à identifier ce qui est réellement prioritaire, ce qui lui fait perdre beaucoup de temps et au bout du compte, elle a l'impression de ne pas avancer.*

Il y a des choses importantes dans la vie et d'autres qui le sont moins. Il est nécessaire de se centrer sur le plus important. Vous ne pourrez pas tout aborder et résoudre en même temps. Souvent, on prend une bonne résolution puis on se laisse aspirer par des soucis sans importance, mais qui nous font oublier ce que nous avons accompli déjà. Il est important de définir des priorités et de bien repérer ce qui est essentiel.

Quelques conseils :

• Ne vous perdez pas dans les détails.

• Ne vous dispersez pas dans de multiples activités sans les classer par priorité.

• Ne perdez pas de vue les contraintes de temps souvent imposées.

• Gardez toujours à l'esprit ce qui est le plus important.

• Acceptez de remettre à plus tard ce qui est moins urgent et moins important, dites-vous que certaines choses peuvent attendre, ce qui vous laissera plus de latitude pour vous centrer sur l'essentiel.

## *Ne vous installez pas dans la dépendance*

*« Viens vite me chercher, je ne suis pas bien. Je ne sais pas ce que je ferais si tu n'étais pas là. Je ne peux pas m'en sortir seule, il faut que l'on s'occupe de moi et que l'on m'aide. »*

Lorsque l'anxiété empêche d'assurer des choses banales de la vie, comme prendre sa voiture, se déplacer ou faire une démarche administrative, on demande de l'aide. Il ne faut pas pour autant devenir dépendant des autres et perdre son autonomie. La dépendance amène à solliciter de plus en plus son conjoint, un parent ou un ami et à faire de moins en moins les choses par soi-même.

Quelques conseils :

• Faites vous aider quand il le faut, mais ne sollicitez pas systématiquement les autres.

• N'appelez pas tout le temps au téléphone à l'aide.

• Apprenez à résoudre vos problèmes seul.

• N'attendez pas que les autres vous aident si vous pouvez faire seul ce que vous avez à faire.

• Ne tirez pas avantage de votre anxiété.

• Ne cherchez pas à être tout le temps rassuré.

• Apprenez à affronter seul les moments d'anxiété.

### *Vivez un seul jour à la fois*

*« Il faut que je termine tout ce que j'ai à faire, et si demain il m'arrivait une chose affreuse, il faut que je sois prêt. »*

On peut toujours regarder l'avenir. On peut toujours scruter tout ce qui peut arriver. La fuite en avant consiste à être plus préoccupé par ce qui est à venir que par ce que nous vivons en ce moment. La projection incessante dans le temps donne l'illusion de se protéger, mais est en fait stérile et procure beaucoup moins de plaisir que de faire une chose à la fois.

Quelques conseils :

• Centrez-vous sur le jour présent plutôt que de penser au lendemain.

• Appréciez les bons moments.

• Reconnaissez quand les choses s'améliorent plutôt que de chercher toujours ce qui ne va pas.

• N'anticipez pas sans cesse sur ce qui pourrait arriver dans le futur.

## Diminuez les excitants (tabac, café, alcool)

La suppression du café, du tabac, de l'alcool et de tous les excitants est fortement recommandée car on sait que ces produits augmentent le niveau d'anxiété.

Quelques conseils :

• Listez tous les avantages que vous pouvez trouver à arrêter.

• Utilisez si besoin des gommes à la nicotine, des patchs.

• Ayez un petit carnet, notez les moments difficiles que vous rencontrez et comment vous avez fini par les surmonter.

• Privilégiez pendant cette période les techniques qui permettent de diminuer la tension du corps (relaxation, sport de détente…).

• Acceptez de consulter et de vous faire aider.

• Après une phase où l'on a l'impression que l'anxiété s'aggrave, celle-ci diminue.

## *Comment gérer votre anxiété si vous arrêtez de fumer*

Repérez bien votre anxiété et demandez-vous si elle n'est pas en rapport avec votre consommation de tabac. Prendre en charge son anxiété est parfois indispensable pour débuter un sevrage. En effet, il est aujourd'hui prouvé que le sevrage tabagique entraîne des signes d'anxiété physique mais aussi psychologique comme des difficultés de concentration et une irritabilité. Chez l'anxieux, le sevrage peut donc entraîner un niveau d'anxiété tel qu'il ne pourra pas le supporter, ce qui précipitera la reprise d'une cigarette. Longtemps, l'ancien fumeur ressent des pics avec une forte envie de fumer qui se traduisent par une tension anxieuse pouvant précipiter la rechute.

### *Comment réduire votre consommation de café*

• Ne changez pas vos habitudes, si vous ne prenez pas de café chez vous, n'acceptez pas une tasse en fin de soirée chez des amis.

• Évitez d'utiliser le café pour vous « doper », par exemple si vous avez un travail à terminer, une thèse, un mémoire, un rapport…

• Ne prenez pas de café après une certaine heure si cela vous empêche de dormir (fixez-vous une limite, par exemple jamais après 18 heures).

• Si vous avez du mal à vous en passer et que vous en prenez beaucoup dans la journée, réduisez votre consommation, par exemple une tasse le matin et une autre le soir.

• Méfiez-vous de l'association café-tabac, qui ne fait que renforcer la consommation de l'un et l'autre.

## Pratiquez régulièrement une activité physique et sportive

Cela a été démontré : la pratique d'une activité physique ou d'un sport, réduit l'anxiété. C'est donc une activité recommandée. Elle n'en reste pas moins qu'un complément (elle ne peut pas à elle seule faire disparaître l'anxiété) et est surtout efficace dans les formes mineures et modérées d'anxiété. Si elle s'avère insuffisante, inutile de forcer, cela ne fera que renforcer votre anxiété.

Choisissez une activité en fonction de votre âge, de vos capacités physiques et de vos goûts. Elle doit être un plaisir et non une contrainte (sinon cela ne durera pas).

Tous les sports sont recommandés. Si vous n'avez pas d'entraînement, privilégiez la gymnastique, la natation, la marche. Préférez les séances courtes mais régulières à une activité forcenée que vous ne tiendrez pas sur la durée. Par exemple, une heure de natation ou de jogging par semaine est suffisante si vous n'êtes pas entraîné.

Quelques conseils :

• Faites de la marche dès que vous le pouvez dans la vie de tous les jours.

• Inscrivez-vous à une activité hebdomadaire.

• Engagez-vous dans une salle de gymnastique ou un club, c'est la meilleure façon de persévérer.

• Essayez de partager cette activité avec d'autres personnes, c'est un moteur lorsque l'on est un peu démotivé.

• Choisissez une activité que vous appréciez et qui vous correspond (selon votre âge, vos goûts et vos capacités).

• Allez à votre rythme, soyez endurant, vous vous améliorerez au fil des semaines.

• Appréciez le plaisir et les bénéfices que l'activité physique vous procure.

## Réglez votre sommeil

Avant de régler votre problème de sommeil, commencez par l'analyser. Vous allez noter vos horaires de sommeil, sa durée : c'est ce que l'on appelle l'agenda du sommeil.

**EXERCICE :**
**REMPLISSEZ VOTRE AGENDA DE SOMMEIL**

| | LUNDI | MARDI | MERCREDI | JEUDI | VENDREDI | SAMEDI | DIMANCHE |
|---|---|---|---|---|---|---|---|
| Heure du coucher. | | | | | | | |
| Heure du lever. | | | | | | | |
| Nombre de réveils. | | | | | | | |
| Heure du premier réveil. | | | | | | | |
| Durée approximative totale du sommeil. | | | | | | | |

| CE QUI EST BON POUR LE SOMMEIL | CE QU'IL FAUT ÉVITER |
|---|---|
| — Faire de l'exercice physique dans la journée.<br>— Faire un exercice de relaxation avant de se coucher.<br>— S'endormir en pensant à des choses positives et agréables.<br>— Mettre ses soucis à distance.<br>— Lâcher prise par rapport à ses activités.<br>— Aménager sa chambre à coucher (obscurité, calme, bonne literie…).<br>— Être détendu au moment de se coucher.<br>— Les substances naturelles (phytothérapie, tisanes).<br>— Se coucher à heure régulière. | — Faire des efforts physiques avant d'aller se coucher.<br>— Réfléchir et ruminer ses soucis en se couchant.<br>— Utiliser ce moment de calme pour réfléchir.<br>— Se retourner maintes fois dans son lit.<br>— Les excitants (le café, mais aussi l'alcool qui, à partir d'un certain seuil, perturbe le sommeil).<br>— Les repas copieux le soir.<br>— Manger et regarder la télé au lit.<br>— Les siestes dans la journée |

Si votre problème est plutôt lié à l'endormissement, se coucher en ruminant des problèmes peut très facilement vous empêcher de vous endormir jusqu'à tard dans la nuit. Évitez de ruminer vos soucis dans votre lit.

Si votre sommeil est agité avec des réveils multiples et une durée de sommeil globalement très raccourcie, levez-vous s'il le faut, aidez-vous de petits exercices pour contrôler vos soucis. Forcez-vous à chasser les ruminations de votre esprit, pensez à autre chose : imaginez un endroit agréable, fixez une image de détente, utilisez les exercices de relaxation.

Si vos troubles du sommeil persistent, consultez un spécialiste ou un centre spécialisé. On vous aidera à appliquer toutes ces recommandations et à améliorer votre sommeil. L'insomnie liée à l'anxiété ne nécessite pas des examens très poussés, comme un enregistrement du sommeil qui n'apportera strictement rien et qui est réservé aux personnes souffrant d'apnées du sommeil. La prise d'hypnotiques doit être limitée dans la durée. Les meilleures utilisations sont les plus courtes, c'est-à-dire n'excédant pas un mois. Mais on en est loin, les hypnotiques sont actuellement parmi les médicaments les plus consommés à travers le monde…

En cas d'utilisation ancienne, lorsque l'on ne ressent plus d'effet, il faut envisager le sevrage, en se faisant aider, sur le même principe que le sevrage aux benzodiazépines (voir chapitre sur les médicaments, page 188).

## Faites-vous plaisir et profitez des bons moments

*« J'ai pris une après-midi rien que pour moi, j'ai fait des courses et je me suis acheté des choses dont j'avais envie, je suis allée chez le coiffeur, pendant quelques heures je n'ai pensé qu'à moi. Cela m'a fait un bien fou et je ne regrette rien, mais c'est si rare. »*

L'anxiété gâche la vie, il faut essayer de vous faire plaisir. Se faire plaisir est un bon moyen de lutter contre le découragement et de profiter du moment présent sans se projeter dans l'avenir. Faites l'effort de trouver des choses que vous aimez et de dégager un peu de temps pour vous y consacrer.

Quelques conseils :

- Sachez vous faire plaisir dans des petites choses du quotidien comme vous promener, écouter une chanson ou de la musique.
- Acceptez de vous accorder du temps, ne regrettez pas les bons moments que vous avez passés.
- Profitez au maximum de vos week-ends et de vos vacances.
- Faites des activités et essayez de découvrir des plaisirs (sports, balades, voyages, spectacles…).
- Engagez-vous dans une activité que vous avez toujours voulu faire (théâtre, art, langue étrangère, bénévolat…) : il n'est jamais trop tard pour apprendre.
- Écoutez la musique que vous aimez et ne pensez à rien.

• Prenez le temps de lire ; écrivez ce que vous ressentez.

• Profitez des saveurs, des odeurs que vous aimez.

• Faites-vous de petits cadeaux de temps en temps.

• Prenez plaisir à vous habiller et à prendre soin de votre corps et de votre apparence.

**À retenir**

Si vous avez décidé de vous débarrasser de votre stress et de votre anxiété, vous devez avant tout vous prendre en charge et pour cela rester ouvert sur les autres, faciliter les changements, maintenir votre autonomie, arrêter les excitants (tabac, café…), faire du sport et vous faire plaisir de temps en temps.

# Chapitre 5

# *Agissez concrètement : faites face au stress*

« L'angoisse est foncièrement différente de la crainte. »

Martin HEIDEGGER.

Il existe différentes façons de percevoir, de résoudre et, globalement, de vivre les événements stressants de la vie. La gestion du stress a pour objectif de changer la façon de vivre et de réagir face à un stress.

Une étude récente* a montré qu'un programme de gestion du stress chez des patients après un infarctus diminuait le risque d'accident cardiaque et de

---

* Blumenthal J.A., Jiang W., Babyak M. *et al.*, « Stress management and exercise training in cardiac patients with myocardal ischemia. Effects on prognosis and evaluation of mechanism », *Arch. Intern. Med.*, 1997, 157 : 2213-2223.

décès et entraînait une meilleure qualité de la vie. Les programmes de gestion du stress en individuel ou en groupe ont fait la preuve de leur utilité aussi bien pour prévenir que pour guérir les effets négatifs du stress. Ils sont de plus en plus proposés dans le monde de la santé mais aussi dans l'entreprise et dans des associations et des collectivités.

Deux moyens peuvent concrètement vous aider à gérer le stress :

— Contrôler vos émotions négatives.

— Résoudre vos problèmes.

Lisez attentivement ce qui suit et essayez d'appliquer ces consignes dans votre vie quotidienne.

## Contrôlez vos émotions négatives

*Quand je suis contrariée je ne dis rien et je le garde pour moi. C'est à l'intérieur, je fais tout pour le cacher mais souvent je craque, je me mets à pleurer ou en colère. Mes proches me disent que je suis susceptible et hypersensible, j'essaie de contrôler mes émotions mais je ne sais pas comment faire.*

Il est important d'apprendre à maîtriser les émotions négatives comme la colère, la culpabilité ou l'anxiété pour ne pas se laisser submerger par le stress et les contrariétés de la vie quotidienne. Certaines personnes s'expriment de façon plus expressive que d'autres, que ce soit dans les bons moments ou les moments difficiles. L'émotion est tellement forte qu'elle les amène à exagérer ou à avoir des sentiments erronés sur les personnes ou les situations. Par exemple, face à une déception certains vont automatiquement penser que les autres leur en veulent ou au contraire ils vont culpabiliser sans raison. Une autre situation de très forte émotion peut survenir lorsque l'on refuse inconsciemment de voir un problème (déni) et que l'on garde tout pour soi.

Les émotions sont normales, lorsqu'elles deviennent négatives, il faut prendre du recul et apprendre à ressentir et à agir de façon différente.

Comment faire face aux émotions négatives :

• Exprimez-vous quand c'est nécessaire, ne réprimez pas vos émotions, n'ayez pas honte de pleurer face à des choses tristes, mais sachez aussi exprimer votre joie ou votre plaisir.

• N'attribuez pas vos problèmes aux autres.

• Ne vous en voulez pas pour des choses dont vous ni personne n'est responsable.

• Déroulez le film de ce qui s'est passé pour mieux comprendre ce que vos émotions ont exprimé (exemple : pourquoi ai-je été agressif et qu'est-ce que je voulais dire ? Mon interlocuteur était-il vraiment responsable ?).

• Profitez de cette analyse pour imaginer d'autres émotions plus adaptées à la situation.

• Sachez prendre du recul, mettre à distance, ayez parfois le sens de l'humour vis-à-vis d'une situation, voire vis-à-vis de vous-même.

• Retrouvez la sensation des émotions positives en profitant des moments de plaisir qui s'offrent à vous dans une journée.

## Résolvez vos problèmes

*Brigitte, infirmière en chirurgie, ne se sent pas bien dans son travail et voudrait changer de service. Elle y pense souvent mais ne sait pas quoi faire. Elle est en ce moment contrariée car elle doit remplacer une collègue qui est malade alors qu'elle avait prévu de prendre une semaine de congé pour poser du papier peint chez elle avec son frère et elle n'a pas osé le prévenir. De plus, une infiltration d'eau a eu lieu dans son appartement et les assurances tardent à la rembourser. Elle a contacté le propriétaire qui ne lui a pas répondu. Depuis, elle n'arrive plus à dormir, elle remue les problèmes dans tous les sens sans savoir comment elle va s'en sortir.*

Brigitte réagit avec anxiété face à l'accumulation de tous ces problèmes, qui, pris séparément, ne paraissent pas importants. Une fois qu'elle a exprimé sa déception ou son énervement, ce qui est tout à fait normal, il faut qu'elle resitue les problèmes. Elle doit éviter tout d'abord de les relier entre eux, de faire un amalgame de tout, et éviter également d'attribuer des intentions et des sentiments faux aux autres (par exemple, penser que sa collègue ou son propriétaire lui en veulent personnellement).

Comment Brigitte peut-elle aborder ses problèmes ?

— en analysant,

— en agissant.

## *Analysez*

Voici l'analyse de Brigitte.

Brigitte commence par identifier les problèmes et les hiérarchiser.

| IDENTIFIER LES PROBLÈMES | LES CLASSER DU MOINS IMPORTANT AU PLUS IMPORTANT (INTENSITÉ DE 0 À 8) |
|---|---|
| Le remplacement de sa collègue et la nouvelle organisation. | 3/8 |
| Le conflit avec son propriétaire. | 4/8 |
| Son insatisfaction, son manque de motivation au travail et son souhait de changer de situation professionnelle. | 6/8 |

Brigitte doit chercher à aborder les choses de façon moins stressante.

| DISCOURS INTÉRIEUR STRESSANT | DISCOURS INTÉRIEUR MOINS STRESSANT |
|---|---|
| Rien ne va, je ne vais pas m'en sortir. Mon frère sera fâché et il ne voudra pas revenir une autre semaine et je devrai payer un peintre, cela va me coûter de l'argent. Je ne serai jamais remboursée de mon dégât des eaux, je ne sais pas comment aborder cela avec mon propriétaire. Si au moins je savais comment changer de service, ça irait mieux… | Il faut que je prévienne mon frère pour qu'il vienne à un autre moment. Je dois aussi écrire une lettre à mon propriétaire car je suis dans mon droit. Je verrai pour mes projets professionnels. Pour l'instant, ce n'est pas le moment. |

Il est également nécessaire qu'elle pèse le pour et le contre.

| AVANTAGES | INCONVÉNIENTS |
|---|---|
| Je ne risque rien à essayer.<br>Si je ne demande pas, mon propriétaire ne saura pas ce que je veux et il est impossible qu'il fasse faire les travaux.<br>Si mon frère ne peut pas, je trouverai bien une autre personne pour m'aider.<br>Je vais essayer de changer de travail et trouver quelque chose qui me plaise plus que ce que je fais. | Cela ne servira peut-être à rien. Mon propriétaire refusera et cela va être très long.<br>Mon frère va penser que je l'appelle toujours pour lui demander des services, il va me dire qu'il est occupé et qu'il ne peut pas.<br>Si je change et que mon nouveau poste ne me plaît pas, ce sera encore pire, je ne vais pas encore chercher un autre poste. |

## *Agissez*

| CE QUE JE DOIS FAIRE |
|---|
| Appeler ce soir mon frère au téléphone et, s'il n'est pas là, le rappeler pour lui expliquer ce contretemps. |
| Envoyer un courrier en recommandé à mon propriétaire pour lui demander d'exécuter rapidement les travaux et solliciter un conseil juridique à une association de locataires. |
| Passer au service des ressources humaines pour voir les postes disponibles proposés en ce moment et examiner si quelque chose peut m'intéresser. Demander tous les renseignements utiles concernant ces postes. |

N'oubliez pas de faire le point et, si vous avez réussi à résoudre un problème, de vous en féliciter : vous avez eu raison d'agir concrètement et avec méthode. Si cela n'a pas réussi, cela vaut le coup de persévérer et d'analyser à nouveau les choses. Parfois, il est difficile de résoudre le problème le plus important dans l'immédiat et il convient de se centrer vers des problèmes qui peuvent être plus facilement résolus.

La résolution de problèmes peut vous apporter une aide concrète pour réduire votre anxiété face aux problèmes actuels que vous rencontrez.

Suivez bien les différentes étapes : identifier un problème, évaluer toutes les alternatives et leurs conséquences, mettre en place un plan d'action et évaluer les résultats. Ainsi différents problèmes peuvent être résolus les uns après les autres en suivant la même procédure.

**RÉSOUDRE VOS PROBLÈMES EN 7 ÉTAPES**

1. Identifiez clairement le problème.
2. Formulez des objectifs réalistes et accessibles.
3. Envisagez toutes les solutions possibles.
4. Prenez une décision : choisissez une solution.
5. Mettez à exécution la décision.
6. Évaluez les résultats.
7. Recommencez et appliquez la même méthode à de nouveaux problèmes.

### ➤ Première étape : identifiez clairement le problème

Listez l'ensemble des problèmes auxquels vous êtes actuellement confronté. Approfondissez les problèmes, essayez d'en voir les causes et les conséquences et replacez-les dans leur contexte global.

Classez-les suivant leur importance (hiérarchie) et aussi selon ceux qui peuvent être résolus tout de suite et ceux pour lesquels il faut attendre ou pour lesquels d'autres éléments sont à prendre en compte. C'est par exemple le cas lorsque vous êtes impliqué dans un conflit où vous êtes soumis à la décision d'autres personnes ou à une décision qui n'a pas encore été rendue. Centrez-vous sur un seul problème. Choisissez celui qui vous semble accessible et laissez les autres de côté pour plus tard. Formulez-le clairement, écrivez-le par exemple en des termes précis et concrets.

**➤ 2e étape : formulez des objectifs réalistes et accessibles**

Approfondissez le problème, essayez d'en voir les causes et les conséquences et replacez-le dans son contexte. À partir de cela, définissez un objectif accessible, compte tenu du contexte et des possibilités qui peuvent vous être offertes.

**➤ 3e étape : envisagez toutes les solutions possibles**

Posez toutes les solutions possibles. Cela est important car souvent on ne pense même pas aux différentes alternatives. Faites un inventaire de toutes les solutions que l'on pourrait apporter à ce problème. Évaluez, pour chaque solution, les avantages et les inconvénients (ce que je risque, ce que je peux y gagner). Vous pouvez aussi envisager le pire en vous disant « qu'est-ce que je risque au pire ? ». Envisagez les conséquences de chaque alternative en posant bien le pour et le contre. Évaluez les conséquences à court terme, à moyen terme, à long terme, pour vous, pour les autres. Pensez aux implications concrètes (argent, temps). Évaluez l'aide qui peut vous être apportée et les moyens que vous pouvez mettre.

### ➤ 4e étape : prenez une décision : choisissez une solution

Cherchez davantage un compromis ou une solution partielle que la solution parfaite. À cette étape, l'important est de trancher et d'éviter de vous perdre dans des analyses sans fin.

Une fois votre décision prise, engagez-vous et ne revenez pas dessus (sauf si un événement nouveau intervient). Allez-y, la machine à résoudre les problèmes est lancée, évitez de remettre au lendemain.

### ➤ 5e étape : mettez à exécution la décision

Maintenant il faut agir et pour cela accepter le changement et particulièrement adapter sa façon de penser et ses comportements : accepter de modifier des horaires, de dire non à d'autres engagements, de sacrifier des habitudes, de tolérer des avis différents des siens, de faire des choses que l'on n'apprécie pas trop.

Précisez les tâches reliées à la mise en application de la décision et fixez-vous un échéancier. Par exemple, dites-vous : « Je dois tout d'abord appeler cette personne au téléphone pour avoir les coordonnées et les informations exactes ; quand j'aurai la réponse je rédigerai la lettre de demande et ensuite je préparerai le dossier pour être prêt quand je recevrai la convocation définitive. »

À cette étape, il est nécessaire avoir des attentes réalistes en rapport avec le temps requis pour exécuter la décision et en voir les effets. Il faut souvent être patient et savoir attendre. Si les résultats ne sont pas ceux escomptés, recommencez sans vous décourager, anticipez, sachez qu'il y a des choses imprévues et aléatoires dont il faut toujours tenir compte.

### ➤ 6e étape : évaluez les résultats

Évaluez les résultats de l'action en fonction des objectifs visés et du problème défini au préalable. Évaluez posément les conséquences. Dès que vous avez des résultats, reconnaissez tous les effets positifs et les changements, continuez les étapes et ne vous arrêtez pas en chemin.

Réévaluez également votre anxiété, si la résolution de problème vous a permis de la réduire, notez-le (vous pouvez vous aider en notant sur un petit carnet pour suivre étape par étape jusqu'à la résolution finale).

### ➤ 7e étape : recommencez et appliquez la même méthode à de nouveaux problèmes

Si les résultats obtenus sont insatisfaisants, recommencez le processus à l'étape 1 en redéfinissant et en reformulant le problème non résolu. Obtenir des résultats insatisfaisants ne doit pas être considéré comme un échec mais plutôt comme l'indice qu'il faut reformuler le problème, chercher une meilleure solution.

Quand vous avez réussi à résoudre le problème cible, vous vous rendez compte que c'est la bonne technique à utiliser. Vous pouvez donc l'appliquer à un autre problème que vous avez identifié dans votre liste, généralement en choisissant celui un peu plus complexe que le précédent. À la longue, l'acquisition de la méthode sera utile pour mieux aborder et résoudre les problèmes à venir.

## Tirez le meilleur parti de votre temps

L'anxiété conduit à se projeter dans le futur plutôt que de vivre les événements au moment présent. Modifier sa relation au temps permet de trouver un équilibre de vie avec davantage de plaisir. Il est donc nécessaire de changer ses habitudes de gestion du temps.

### *Repérez vos rythmes d'activité*

• Les rythmes personnels :
— Suis-je plutôt du soir ou du matin ?
— Dans l'action, suis-je plutôt un sprinter ou un coureur de fond ?
• Les rythmes professionnels :
— Quels sont les jours de la semaine ou les périodes les plus chargés ?
• Les rythmes familiaux :
— À quels moments mes proches ont-ils besoin de moi (rentrée, vacances, activités des enfants, événement familial…).

### *Classez les tâches, définissez les objectifs, les priorités*

Il est utile d'établir des priorités :
— Ce qui est important et urgent.

— Ce qui est important mais non urgent (mais qui ne doit pas être systématiquement reporté).

— Ce qui est urgent mais non important (donc susceptible d'être reporté à un moment ultérieur).

Réactualisez souvent et conservez votre liste à portée des yeux.

### *Donnez-vous quelques minutes pour en gagner beaucoup*

Dix minutes chaque soir et 20 minutes avant le week-end pour ajuster le planning du lendemain ou de la semaine permettent d'aborder chaque nouvelle journée avec les idées claires et l'assurance de prendre en compte l'essentiel.

### *Notez*

Toute la journée nous viennent des idées nouvelles. Les noter plutôt que d'essayer de les garder en mémoire représente un gain de temps et d'énergie.

### *Organisez-vous*

Planifiez votre temps : établissez une liste quotidienne des choses à faire, avec une répartition de type :

— 60 % de temps planifié,

— 20 % de temps pour faire face à l'imprévu,

— 20 % de temps convivial.

Anticipez : visualisez le déroulement des actions, ne sous-estimez pas les difficultés, imaginez des alternatives, donnez-vous des limites dans le temps.

Déléguez : aussi bien au travail que dans la vie familiale.

Agissez.

**9 CONSEILS POUR MIEUX GÉRER VOTRE TEMPS**

— Organisez-vous, utilisez un agenda, faites le point de temps en temps, évaluez l'utile, l'agréable.

— Anticipez les choses sans les appréhender (je vais mettre environ 1 heure de trajet, s'il y a du monde je ne resterai pas plus d'une demi-heure pour ne pas être en retard, plutôt que : avec tout ce monde sur la route je rentrerai trop tard et ils ne m'attendront pas).

— Analysez toujours les conséquences d'un éventuel retard (est-ce vraiment grave si je n'arrive pas pile à l'heure ?).

— Centrez-vous sur l'action en cours, par exemple quand vous écoutez une conversation, un cours ou que vous regardez un film ou une émission, chassez les idées parasites, ne vous laissez pas envahir par des préoccupations qui n'ont rien à voir avec ce que vous êtes en train de faire.

— Évitez également de trop vous projeter dans l'avenir (il faut que je fasse ça demain…).

— Faites une seule chose à la fois.

— Sachez remettre à plus tard ce qui est moins important.

— Si vous avez un programme chargé, ne passez pas trop de temps à discuter avec une personne avant un rendez-vous ou une réunion, sachez mettre un terme poliment, ne relancez pas inutilement la conversation.

— Méfiez-vous des chronophages (ceux qui consomment beaucoup du temps des autres), sachez passer du temps sans prolonger inutilement les rencontres lorsque c'est inutile.

# Affirmez-vous

*Anne est toujours en retrait et elle ne sait pas se mettre en avant. En réunion, elle ne prend pas la parole. Elle voudrait qu'on l'apprécie mais elle n'a pas suffisamment confiance en elle. Quand elle rencontre de nouvelles personnes, elle parle peu même si l'ambiance est sympathique. Elle tente d'éviter systématiquement les conflits et ne veut pas déranger et déplaire. Elle est consciente que son manque de confiance et d'affirmation de soi la rend anxieuse.*

Certaines personnes sont anxieuses parce qu'elles doutent beaucoup de leurs capacités face aux autres. Elles n'osent pas, s'interrogent sur ce que les autres pensent. Elles voudraient donner une bonne image mais pensent qu'elles ne sont pas à la hauteur et que les autres les sous-estiment : on dit qu'elles ne sont pas affirmées. La société moderne valorise un comportement affirmé du fait de la compétition et de la course effrénée vers la réussite. Nous sommes donc sans cesse confrontés à des situations où il faut s'affirmer. L'affirmation de soi va aider à être moins anxieux et à résoudre les problèmes. Un comportement plus affirmé et une meilleure confiance en soi sont une aide indispensable pour réussir.

Les situations qui demandent de s'affirmer :

— Parler, communiquer avec les autres.

— Faire partager ses idées, convaincre, débattre.

— Séduire, se faire apprécier, se faire aimer.

— Réussir dans ses études, son travail.

— Diriger, manager, se faire respecter.

— Réussir, progresser.
— Faire face à un conflit, défendre ses intérêts.
— Faire valoir ses droits ou son opinion.

**QUELQUES CONSEILS POUR S'AFFIRMER**

| S'AFFIRMER, C'EST | NE PAS S'AFFIRMER, C'EST |
|---|---|
| — Dire ce que l'on pense, ce que l'on ressent.<br>— Oser s'exprimer même si cela ne va pas faire plaisir.<br>— Accepter le jugement des autres.<br>— Rechercher les contacts et les échanges.<br>— Accepter la confrontation et l'opposition.<br>— S'accepter tel que l'on est.<br>— Parler suffisamment fort pour être bien compris.<br>— Regarder ses interlocuteurs bien dans les yeux.<br>— Être expressif, bouger les mains, se mouvoir. | — Se taire même quand on voudrait s'exprimer.<br>— Garder ses sentiments et pensées pour soi de peur de blesser et de froisser les autres.<br>— Ne pas supporter le jugement des autres.<br>— Ne pas avoir confiance en soi.<br>— Fuir les conflits.<br>— Se sous-estimer, se dévaloriser.<br>— Parler d'une voix basse et monocorde comme pour ne pas se faire remarquer.<br>— Regarder par terre, fuir le regard.<br>— Rester figé et inexpressif, bloqué dans son corps. |

Vous pouvez ainsi vous exercer à être plus affirmé dans des situations de la vie de tous les jours.

## *Parlez devant les autres*

Osez prendre la parole devant un petit groupe de personnes que vous connaissez bien, puis dans des situations plus difficiles. Débutez une conversation par quelques mots. Sachez conclure sans vous dévaloriser (préférez les « j'en ai fini, j'ai tout dit » à « ce n'était pas terrible, je n'ai plus rien à dire »). Apprenez à vous présenter ou à présenter quelqu'un qui est avec vous à une autre personne. Posez des questions, n'hésitez pas à demander des nouvelles, comment vont les enfants, comment les vacances se sont passées. Racontez un film que vous avez vu, vos vacances. N'hésitez pas à raconter la même chose plusieurs fois à différentes personnes pour acquérir des automatismes (c'est ce que font les politiques avec les médias). N'essayez pas d'apprendre des phrases par cœur mais pensez à quelques mots ou quelques idées à développer en deux ou trois points. Si vous avez un blanc, passez à un autre point sans essayer de retrouver à tout prix ce que vous vouliez dire. Parlez de vous ou de choses que vous connaissez bien. Posez aussi des questions, intéressez-vous à l'autre… Parlez à voix haute en regardant votre ou vos interlocuteurs. Dans un groupe, fixez une personne, puis une autre, balayez ainsi tout l'auditoire.

## *Osez demander*

Pesez le pour et le contre, ce que vous perdez à ne pas faire une demande. Dites clairement ce que vous voulez. Ne vous perdez pas dans les détails, allez courtoisement et calmement droit au but. Exercez-vous en demandant un petit service à votre entourage. Ne cherchez pas forcément l'approbation immédiate des autres et acceptez leur déception si vous ne pouvez les satisfaire ou abonder en leur sens. Ne vous justifiez pas, mais reconnaissez les sentiments et la position de votre interlocuteur. Sachez insister en reformulant votre demande, c'est souvent la clé de la réussite. Trouvez un compromis ou un arrangement en fonction de ce qu'on vous a répondu. En cas de refus, ne vous dites pas « que va-t-il penser de moi ? Il ne m'appréciera plus ». Sachez conclure en remerciant la personne si elle accepte ou en acceptant son refus.

### *Osez refuser*

Pesez le pour et le contre et ce que vous perdez si vous acceptez. Sachez que vous êtes dans votre droit de refuser. Ne pensez pas que la personne vous appréciera plus si vous acceptez, ne vous culpabilisez pas de refuser. Formulez clairement votre refus, à voix haute et intelligible en regardant bien votre interlocuteur. Ne cédez pas, sachez dire non deux fois, voire plus, de suite si la personne revient à la charge. Ne vous perdez pas dans des justifications excessives et inutiles qui finiront par vous faire céder. Vous pouvez proposer un compromis à condition de bien évaluer ce que vous cédez.

### *Dites ce que vous pensez*

Défendez votre opinion et votre point de vue et n'hésitez pas à prendre la parole, d'abord dans un petit groupe entre amis à propos d'un film ou d'un livre puis sur des sujets plus graves de politique ou de société. Posez une question dans une réunion ou une conférence publique. Puis intervenez et débattez avec calme devant des auditoires de plus en plus importants. Exprimez toujours vos choix, si vous prenez conseil, c'est quand même à vous de conclure pour l'achat d'une robe, d'un costume ou d'un plat au restaurant. Évitez les « je prends comme toi », exercez-vous à choisir selon vos goûts (si vous passez devant une vitrine dites-vous « j'aime » ou « je n'aime pas »). Ne revenez pas sur un choix, si c'est une erreur assumez-la et pensez à l'avenir.

## *Estimez-vous*

- Acceptez votre image, votre corps, apprenez à vous découvrir.
- Ne vous dévalorisez pas systématiquement.
- Ne mettez pas toujours la barre plus haut jusqu'à ne pas pouvoir l'atteindre.
- Changez des petites choses si vous ne vous acceptez pas tel que vous êtes (régime, look, coiffure…).
- Ne pensez pas que personne ne vous apprécie, ne vous comprend et que vous êtes seul au monde.

**10 TRUCS POUR INTERVENIR EN PUBLIC**

**1.** Placez-vous au centre, levez-vous pour prendre la parole.

**2.** Regardez l'auditoire et balayez-le en fixant une personne puis une autre, et ainsi de suite de façon à ce que tout le monde se sente concerné par ce que vous dites.

**3.** Ne bradez pas ce que vous avez à dire, même si c'est court, exprimez-vous clairement.

**4.** Parlez plus fort si c'est votre point faible.

**5.** Ne parlez pas trop vite, veillez à ne pas accélérer.

**6.** Ne mettez pas les mains devant votre bouche et ne regardez pas vos chaussures.

**7.** Bougez un peu les mains, ne restez pas figé, ne vous collez pas contre le mur.

**8.** N'apprenez pas par cœur des phrases, ce ne sera pas naturel, mémorisez 2, 3, 4 idées et faites-les dérouler.

**9.** Si vous avez un blanc, passez au point suivant.

**10.** Évitez de conclure négativement (« voilà, je n'ai plus rien à dire »), ne faites pas des mimiques de désapprobation pour montrer que vous ne vous trouvez pas bon, ne vous excusez pas, dites simplement, par exemple, « j'ai fini, merci de votre attention ».

# Comment gérer le stress ?

**À retenir**

À chaque problème, il y a une solution, ne vous dites pas que c'est impossible. Dites-vous également que le fait de résoudre les problèmes qui vous inquiètent va améliorer votre anxiété.

## Les examens

*Carole a échoué à sa première année de faculté de droit. Elle est trop émotive et même si elle a travaillé beaucoup, elle a complètement perdu ses moyens. Elle n'a pas confiance en elle et ne sait pas comment elle va surmonter, cette année, le stress des examens à venir et pense déjà à ce qui se passera si elle rate son année. Elle doit prendre des tranquillisants depuis un mois, sinon elle ne tiendrait pas le coup.*

Quelques conseils :

• Concentrez-vous le plus possible sur votre préparation et oubliez les conséquences possibles de l'échec.

• Ne pensez qu'à la réussite et à tous les moyens pour y parvenir.

• Prévoyez des temps de détente courts mais réguliers (un peu de sport, de musique, un film de temps en temps…).

• Évitez les soirées trop tardives, vous ferez la fête plus tard, sachez refuser plutôt que de passer une heure et rentrer chez vous (ce qui est difficile à tenir et assez frustrant).

• La gestion de votre temps et l'organisation de votre travail sont primordiales.

• Limitez les excitants et les calmants (l'alcool est à proscrire).

• Maintenez votre rythme habituel, ne vous couchez pas trop tard, ne bachotez pas toute la nuit.

• Continuez à travailler mais un peu moins les derniers jours.

## *Une rupture affective*

*Chloé ne va pas bien en ce moment, son ami l'a quittée. Elle s'inquiète pour l'avenir, elle va tout d'abord devoir retrouver un appartement, ses parents l'ont accueillie, mais elle ne peut rester là éternellement. C'est l'avenir qui l'angoisse le plus. À 30 ans, pas mariée, sans enfants, alors que toutes ses copines sont casées. Elle ne sait plus où elle en est, si elle regarde derrière elle, elle se dit qu'elle n'a rien fait de sa vie, si elle regarde devant, c'est bouché.*

Quelques conseils :

- Acceptez de devoir parfois subir sans pouvoir faire grand-chose.
- Ne vous isolez pas.
- Ne comptabilisez pas tous vos échecs.
- Acceptez cette période d'incertitude normale et du travail de deuil à faire après cette séparation.
- N'oubliez pas d'agir, ne vous laissez pas aller, fixez-vous des règles.
- Face à un problème complexe, n'hésitez pas à le fractionner. Par exemple, face à une séparation ou un divorce, abordez la question de votre organisation (est-ce que je dois changer de région ? quand vais-je m'occuper de mes enfants ?...).

## *L'annonce d'une maladie*

*Fabienne a toujours été anxieuse, se souciant du moindre problème de façon exagérée et envisageant toujours le pire dans tous les événements. On vient de lui annoncer qu'elle avait un cancer du col de l'utérus, qu'il faut intervenir et que ses chances de guérison sont pratiquement totales à condition de ne pas laisser traîner. Depuis, elle est inquiète, à tel point qu'elle n'a pas dormi de la nuit se voyant mourir et imaginant son propre enterrement. Malgré les réassurances de son mari, ce qui lui vient tout de suite à l'esprit, c'est : « et si j'étais le cas sur 1 million et que ça tombe sur moi ».*

La maladie précipite vers un statut de malade avec toute l'incertitude que cela comporte et le sentiment d'avoir perdu quelque chose que l'on ne retrouvera pas. Elle impose de faire face pour se reconstruire autrement. Le chemin pour accepter est long, il faut savoir attendre que les difficultés psychologiques liées à l'annonce s'estompent.

Quelques conseils :

- Ne restez pas seul : parlez à des proches ou à des personnes extérieures si vous le préférez.
- Informez-vous, il vous faut comprendre le problème, ses conséquences possibles et savoir comment les contrôler.
- Acceptez l'aide des autres, intéressez-vous aux expériences similaires d'autres personnes malades.
- Acceptez le regard des autres sur votre maladie.
- Estimez-vous et prenez soin de vous.
- Ne vous enfermez pas dans un statut de malade.
- Acceptez parfois de vivre sans être guéri totalement.
- Prenez un nouveau départ, acceptez de changer et de vivre différemment.

## *Perdre son travail*

*Gilles est très inquiet. Depuis qu'il a perdu son travail, il se demande s'il pourra subvenir aux besoins de sa famille. Il pourrait être amené à vendre sa maison, à s'installer ailleurs. Quelle image de lui vont avoir ses enfants ? Et si sa femme décidait de le quitter, c'est sûr, il plongerait. Il doute de lui et c'est en partie pourquoi il n'a pas bien réussi un entretien la semaine dernière à force d'y penser et de se mettre la pression. À cause de cela, il est de plus en plus anxieux et nerveux, même à la maison où il tourne en rond sans rien faire.*

Quelques conseils :

• Luttez contre tout sentiment de honte, de dévalorisation et d'humiliation.

• Parlez-en à des collègues ou à des personnes qui ont vécu la même chose.

• Resserrez les liens avec votre conjoint, vos enfants, votre famille, vos amis si vous vivez seul.

• Maintenez le plus possible un rythme de vie actif.

• Ne ruminez pas trop, gardez toujours conscience de vos qualités, ne laissez pas le doute s'installer en vous.

• Préparez bien vos entretiens mais laissez-vous un peu aller, acceptez les règles du jeu, oubliez les échecs et tirez-en toujours des enseignements.

• Profitez des temps morts pour lire des livres que vous n'avez jamais lus, vous initier à un loisir ou à un sport ; profitez de vos enfants, cuisinez…

• Gardez espoir et sachez que le moment viendra.

Quelle que soit la situation à l'origine de votre anxiété, agissez concrètement. Même si l'anxiété est source de blocage et d'inhibition, il est important de continuer à agir. Agir réduit l'appréhension des dangers, met à distance les problèmes et aide à les résoudre. Rythmez votre journée et votre semaine (ne dites pas « je vais le faire », mais « mardi soir, je le ferai »). Partagez le maximum d'activités, ne restez pas seul. Valorisez toujours ce que vous avez fait dans une journée (« positivez »). Si vous êtes hésitant, faites le point des avantages et des inconvénients. Toutes les activités sont bonnes : veillez à en choisir une qui vous fait plaisir et que vous pouvez concrètement faire.

**À retenir**

Gérer le stress est possible par le contrôle des émotions, la résolution de problèmes, l'organisation du temps et l'affirmation de soi. Ces techniques sont utiles face au stress du quotidien mais aussi face à des situations plus graves de la vie où l'anxiété est parfaitement légitime. Par ailleurs, la gestion du stress a montré son efficacité tant dans la prévention que dans l'amélioration de problèmes de santé (problèmes coronariens…) liés au stress, au travail ou à la vie quotidienne.

# Chapitre 6

# *Agissez concrètement : apprenez à gérer votre anxiété*

« Vivre est le malaise, puisque vivre, c'est vivre dans l'angoisse. »

Eugène IONESCO.

## Cernez votre anxiété

*Éric doit passer dans quinze jours un entretien très important pour un nouveau poste. Il en parle tout le temps, il s'imagine le jour de l'entretien et s'interroge sur ce qu'on va lui demander. Sa compagne lui conseille de ne pas trop y penser, elle sait qu'il est toujours comme cela, elle est confiante. « Ça va marcher », dit-elle. Elle a essayé de lui changer les idées, d'organiser des sorties, mais il a passé une très mauvaise période. Finalement, l'entretien s'est très bien passé et Éric a été embauché. Les premiers mots de son amie ont été : « Tu vois bien, ça ne servait à rien de s'inquiéter. »*

Il est tout à fait normal avant un entretien professionnel important d'y penser mais les ruminations et les pensées anxieuses dans le cas d'Éric deviennent trop envahissantes. C'est pour lui une façon habituelle de réagir. Il comprend bien la logique de son amie et ses bons conseils, mais si certains peuvent penser à autre chose, lui ne le peut pas. Les pensées viennent spontanément et s'enchaînent les unes aux autres. On les appelle d'ailleurs les pensées automatiques parce qu'elles échappent au contrôle. Une fois que ces pensées se sont installées, elles ont beaucoup de mal à partir toutes seules.

Après coup, Éric reconnaît qu'il était inutile de s'inquiéter mais à une nouvelle occasion, son processus de pensée se remet en marche. Il y a souvent une situation identifiable mais parfois ce sont des choses banales qui déclenchent les pensées.

## *Repérez vos pensées anxieuses*

À partir d'une situation précise, identifiez bien vos pensées et vos ruminations anxieuses. Puis détaillez-les, même si elles vous paraissent absurdes, allez au bout. La meilleure façon de les identifier est de les noter dans un tableau à colonnes. Ce premier exercice n'est pas si facile, exercez-vous chaque jour, cela ne prend pas beaucoup de temps, et refaites-le plusieurs fois. En le répétant, vous parviendrez à repérer vos pensées anxieuses.

## *Entraînez-vous à identifier la cascade des pensées*

Partez bien du déclencheur des pensées. Vous constatez qu'à chaque étape, la pensée est de plus en plus menaçante comme un effet d'amplificateur. Enfin, associez le déclencheur à la pensée finale et interrogez-vous si c'est logique.

***Déclencheur :***
***Demain j'ai un entretien***

1re pensée : il faut que je travaille tout le week-end.

↓

2e pensée : ils ont peut-être déjà choisi quelqu'un d'autre.

↓

3e pensée : ce poste n'est pas pour moi.

↓

4e pensée : d'autres ont plus d'expérience et sont mieux préparés.

| CE QUI DÉCLENCHE MES PENSÉES | LE CONTENU DE MES PENSÉES |
|---|---|
| Dans 15 jours l'entretien. | Ils vont me poser des questions vicieuses.<br>Il faut que je me prépare tout le week-end.<br>Ils ont peut-être déjà choisi quelqu'un d'autre.<br>D'autres sont mieux préparés que moi, je n'ai peut-être pas fait les bonnes études.<br>J'aurais dû partir depuis longtemps de cette boîte.<br>Si ça ne marche pas, comment allons-nous continuer avec un seul salaire ? |

## Apprenez à raisonner autrement

*Quand Catherine doit prendre un train, elle part toujours très en avance (« et si ma voiture ne démarrait pas »). Une fois arrivée, c'est l'inverse, elle se demande si le train ne va pas avoir du retard, voire être annulé. Dans ce cas, elle devra prendre sa voiture (« pourvu qu'elle ne tombe pas en panne ou que je n'aie pas un accident »), alors qu'elle doit absolument arriver avant 9 heures.*

Si on analyse de plus près le raisonnement de Catherine, on constate qu'à partir d'une information — « le train n'est pas là » —, elle déduit une conséquence immédiate, « le retard », qui lui-même amène la possibilité d'une annulation du train. Cette possibilité, déjà bien incertaine, conduit Catherine à envisager une autre menace, celle d'une panne d'essence de sa voiture, d'une panne mécanique ou même d'un accident. Un premier problème augmente le risque d'en avoir un autre. C'est comme un engrenage qui, d'une constatation qui peut paraître banale, conduit à une crainte sans rapport avec l'idée d'origine. C'est la transformation anxieuse d'un événement à travers une cascade de pensées qui déforme l'événement et le rend de plus en plus menaçant.

Bien sûr, on aurait envie de souffler à Catherine que si le train n'est pas en gare et qu'il n'y a personne, c'est qu'elle est arrivée avec trois quarts d'heure d'avance et qu'il n'y a aucune raison pour qu'il y ait un retard, rien en tout cas n'ayant été annoncé en ce sens. En outre quand bien même son train aurait un

***Cascade et enchaînement des pensées anxiogènes***

Le train n'est pas là

↓

Et s'il est en retard ?

↓

Peut-être va-t-il être annulé ?

↓

Si je prends ma voiture,
peut-être n'aurai-je pas assez d'essence

↓

En plus, je risque la panne ou l'accident

peu de retard, elle n'en arriverait pas moins à son travail, et en aucun cas elle ne serait obligée de prendre sa voiture en catastrophe. L'idée ne devrait même pas lui effleurer l'esprit et du reste, si l'on devait penser à chaque fois à la panne ou à l'accident, on ne bougerait plus de chez soi.

On voit qu'il s'agit d'apprendre à raisonner autrement.

## Acceptez l'incertitude

Maintenant, essayons d'aller un peu plus loin dans l'analyse de votre anxiété. En général, l'anxiété est déclenchée par une situation ou un souvenir qui va entraîner une question qui commençant par « si... ». Par exemple, *il se met à neiger* peut amener à se demander : « Si je n'arrive pas à démarrer ma voiture... » Cette éventualité va elle-même entraîner des inquiétudes qui vont s'enchaîner les unes aux autres comme une cascade que l'on ne peut arrêter.

*Marie, maman de deux enfants, se retrouve coincée dans un embouteillage en allant chercher ses enfants à l'école et est stressée à l'idée d'arriver en retard.*

| **L'ÉVÉNEMENT DÉCLENCHANT** | **ÉVENTUALITÉ** | **LES INQUIÉTUDES** |
|---|---|---|
| Ralentissement et embouteillage sur le périphérique. | Si j'arrive en retard à l'école ? | Mes enfants vont m'attendre.<br>Ils seront inquiets.<br>Il peut leur arriver quelque chose.<br>On va les conduire au poste de police. |

Deux types d'inquiétudes coexistent, celles qui relèvent de problèmes réels et celles qui relèvent de problèmes éventuels.

## *L'inquiétude à cause d'un problème réel*

Prenons l'exemple d'un problème réel : le chômage.

| L'ÉVÉNEMENT DÉCLENCHANT | ÉVENTUALITÉ | LES INQUIÉTUDES |
|---|---|---|
| Je vais chercher mes allocations chômage. | Si je n'arrive pas à retrouver du travail ? | Je vais devoir réduire mon train de vie.<br>Je vais devoir changer de voiture.<br>Est-ce que ce sera suffisant ?<br>Après, ce sera ma maison que je devrais vendre.<br>Mes enfants seront à la rue. |

## *L'inquiétude à cause d'un problème éventuel*

Prenons pour exemple le départ d'un enfant pour une autre ville où il suivra ses études.

| L'ÉVÉNEMENT DÉCLENCHANT | ÉVENTUALITÉ | LES INQUIÉTUDES |
|---|---|---|
| Je dois faire une réservation de train pour aider ma fille à installer son studio. | Si elle ne réussit pas à se débrouiller toute seule ? | Elle ne se ferait pas ses repas.<br>Elle pourrait tomber malade.<br>Elle pourrait avoir de mauvaises fréquentations.<br>Elle pourrait rater ses études.<br>Elle pourrait se faire agresser. |

Sur le modèle de ces exemples, notez plusieurs fois par jour vos inquiétudes en précisant si elles relèvent d'un problème réel ou d'un problème éventuel.

Posez-vous toujours ces quatre questions :

1. Quel est le problème ?
2. Quel est le degré de certitude ou de probabilité de ce problème ?
3. Quel est le degré de gravité de ce problème ?
4. Que faire d'utile et de vraiment efficace ?

Le moteur de l'anxiété est l'intolérance à l'incertitude ou la tendance à ne pas accepter ou tolérer le danger potentiel. La personne intolérante à l'incertitude va immédiatement penser que quelque chose de négatif peut arriver comme par exemple un accident si l'un de ses proches part en avion ou en voiture. Les pensées se focalisent sur cette éventualité sans qu'elle puisse s'en détacher. Comme le fait est à venir, aucune preuve ne peut être apportée que cela n'arrivera pas. Le pire devient possible voire certain et il est impossible de chasser cette pensée de l'esprit qui conduit à d'incessants doutes et ruminations.

Si nous sommes tous conscients des menaces de la vie, nous n'y pensons pas en permanence comme l'anxieux qui ne peut aborder un événement à venir que par la lorgnette du danger. Il est comme hypersensibilisé au danger. On peut faire une analogie avec l'allergie : du fait de l'intolérance à l'incertitude, il devient allergique à des situations de plus en plus banales, ce qui va devenir de plus en plus handicapant.

Cette intolérance à l'incertitude a des conséquences sur notre façon de penser et d'agir.

**AUGMENTEZ VOTRE TOLÉRANCE À L'INCERTITUDE**

— Agissez même si vous n'êtes pas certain du résultat.
— Ne remettez pas au lendemain ce que vous pouvez faire le jour même.
— N'ayez pas peur d'échouer.
— Assumez vos choix.
— N'évitez pas systématiquement de sortir de chez vous.
— Ne pensez pas tout savoir et tout contrôler.
— Ne cherchez pas à tout faire en même temps.
— Ne cherchez pas à tout prix à être rassuré.
— Ne vérifiez pas à l'excès.
— N'anticipez pas tout.
— Ne faites pas les choses pour les autres.

## *Pensez autrement*

La plupart d'entre nous se rendent compte que ces pensées nous viennent d'elles-mêmes et nous aimerions pouvoir penser autrement. On les appelle pensées automatiques pour bien indiquer qu'elles surviennent comme un réflexe, sans que nous les contrôlions et qu'une fois installées, il est difficile de s'en débarrasser. Pourquoi est-ce si difficile ? Parce que ces pensées sont soutenues par des croyances dont nous n'avons pas nécessairement conscience.

Le danger des accidents de baignade est bien réel. Il n'est pas question de le nier et il faut s'en prémunir par la prudence et la surveillance. Mais si cette mère de famille reconnaît que son enfant sait nager, elle repousse plus loin l'éventualité d'un danger et ne peut s'en détacher. Sa croyance peut sembler erronée en ce sens qu'elle croit être la seule à pouvoir surveiller son fils et que sa présence peut éviter l'accident alors qu'en fait c'est uniquement pour la rassurer. De même, elle n'a pas confiance dans le système de surveillance des maîtres nageurs, alors qu'il est évident que la baignade surveillée est beaucoup moins dangereuse et que les accidents en piscine sont exceptionnels.

| PENSÉES ET MONOLOGUES (CE QUE JE ME DIS) | POSTULAT ET CROYANCES (CE QUE JE CROIS) |
|---|---|
| Mon enfant peut se noyer en allant à la piscine. Tant qu'il n'est pas rentré, je ne suis pas tranquille, je n'arrête pas d'y penser. Il sait bien nager mais il pourrait avoir un malaise ou se blesser en tombant. | On ne va pas le surveiller comme je pourrais le faire. Si les maîtres nageurs discutent entre eux, ils pourront ne pas voir qu'il est au fond de l'eau en train de se noyer. Il est très dangereux de se baigner dans les piscines, il y a beaucoup d'accidents. |

Comment cette mère de famille pourrait penser autrement, à la fois en étant consciente du danger et en ayant une attitude positive de prudence, sans laisser les pensées anxieuses exagérées complètement l'envahir et lui gâcher la vie ?

| PENSÉES ET MONOLOGUES (CE QUE JE ME DIS) | POSTULAT ET CROYANCES (CE QUE JE CROIS) |
| --- | --- |
| Je suis rassurée maintenant qu'il sait bien nager.<br>Je le mets toujours en garde des dangers et je le responsabilise car il faut toujours apprendre aux enfants les dangers pour qu'ils sachent se débrouiller seuls.<br>Ne pas en parler serait dangereux. | La piscine est bien surveillée et les accidents sont exceptionnels mais je sais qu'un accident peut arriver, je ne vais pas lui interdire d'aller à la piscine alors qu'il sait bien nager et de toute façon ma présence n'empêchera rien, les maîtres nageurs seront beaucoup plus efficaces que moi pour lui porter secours en cas de problème. |

*Anne, enseignante, doit prendre de nouvelles fonctions l'année prochaine. Elle enseignera pour la première fois dans une classe de terminale. Elle faisait la même chose depuis cinq ans, c'est une occasion de changer, mais cela lui cause trop de tracas.*
*Je dois travailler tout l'été pour préparer mon nouveau cours.*
*Si cela ne me plaît pas, je ne pourrai pas changer en cours d'année.*
*Je n'aurai plus de temps pour moi.*
*C'est catastrophique, c'est terrible. Comment vais-je pouvoir supporter ça ? Je ne m'en sortirai jamais.*

Examinons de plus près la manière de penser d'Anne.

Doit-elle réellement travailler tout l'été ou uniquement consacrer un peu de temps pendant ses vacances à préparer ses cours pour être mieux préparée et plus à l'aise à la rentrée ? Y penser de façon incessante ne sert à rien et au contraire va parasiter les bons moments, il sera alors très difficile de s'y mettre réellement.

N'aura-t-elle plus de temps pour elle ? Comment peut-on penser que cette nouvelle activité ne lui laissera plus de temps pour s'occuper de sa famille et de sa maison ? Lorsqu'on lui demande, si elle pense réellement devoir être obligée de travailler 15 heures par jour, elle répond non bien sûr et reconnaît que le temps de s'habituer, elle aura besoin au maximum d'une heure de plus par jour.

Est-ce réellement terrible ou catastrophique ? N'y a-t-il pas de choses plus graves dans la vie ? N'a-t-elle pas déjà surmonté des situations difficiles et pourquoi n'y parviendrait-elle pas ? Elle peut avec le temps trouver des solutions à son problème et finir par s'en sortir.

Après analyse de ses pensées, Anne a trouvé plusieurs pensées alternatives :

*Je vais travailler un peu pour être bien préparée à la rentrée.*
*Je vais m'organiser pour faire plein de choses.*
*Il n'y a aucune raison pour que cela ne se passe pas bien.*
*On verra bien en temps voulu.*

> **Exercez-vous**
>
> Prenez une situation que vous redoutez et qui vous rend anxieux et notez les pensées qui vous viennent. Essayez ensuite d'avoir une autre façon moins anxieuse de penser.

## À quoi bon s'inquiéter ?

*À chaque fois que son fils part jouer au foot le dimanche matin, Marie s'inquiète. Le bus a-t-il eu un accident ? Son fils s'est-il blessé ? Ne lui a-t-on pas volé son sac dans les vestiaires ou tout simplement n'a-t-il pas pris froid ? Chaque fois, la même mécanique se met en route. Pourquoi Marie recommence-t-elle chaque semaine à imaginer le pire ?*

Rien de plus normal qu'une mère s'inquiète pour son fils. Mais pourquoi Marie pense à tous ces problèmes alors qu'elle sait qu'il est heureux de jouer au foot et d'aller avec ses copains et que tout va bien ? Elle n'ose pas le dire devant son mari mais elle préférerait que son fils reste tranquillement le dimanche matin regarder la télévision. Elle n'aurait pas à s'inquiéter. Même si les pensées ne sont pas contrôlables pour Marie, les inquiétudes sont une façon d'aborder la vie et de se défendre des dangers. Marie sait bien que c'est absurde, mais elle n'arrive pas à se contrôler. Voici ce qu'elle en dit : « Je sais que ce n'est pas vivable pour la famille, j'agace mes proches, je les étouffe, mais s'il arrivait quelque chose, je me dirais que j'aurais dû le dire. Je me sentirais responsable. Je rumine pour me donner l'impression que j'ai un contrôle sur ce qui pourrait arriver, tout en sachant que si cela doit arriver, je n'y pourrai rien. »

**Important**

L'impossibilité de contrôler les événements malgré un désir intense de le faire est au cœur de l'anxiété psychologique. L'anxieux voudrait avoir par ses pensées une influence sur les événements à venir.

**LES QUESTIONS QUE VOUS DEVEZ VOUS POSER**

— Est-ce que m'inquiéter empêchera un problème de survenir ?
— Faut-il vraiment mieux se préparer au pire ?
— Est-ce que m'inquiéter m'aide à être moins anxieux ?
— Est-ce que m'inquiéter ne m'empêche pas en fait de chasser mes pensées anxieuses ?
— Est-ce que m'inquiéter ne m'empêche pas en fait de résoudre efficacement les problèmes ?

Faites cet exercice :

Suivant le modèle ci-dessous, choisissez une inquiétude, puis évaluez vos arguments pour dire que votre inquiétude est utile et, à l'inverse, vos arguments pour considérer qu'elle n'est pas utile.

| INQUIÉTUDE | UTILITÉ D'Y PENSER | INUTILITÉ D'Y PENSER |
|---|---|---|
| J'ai emprunté une somme importante d'argent pour acheter ma maison. Qu'adviendra-t-il si je perd mon travail et que je ne peux plus rembourser ? Ma famille serait à la rue, j'y pense tout le temps. | Comme cela je suis prêt à réagir. Je tourne toutes les éventualités dans ma tête. Je n'en parle pas à ma femme. | Ruminer ne donne finalement aucune solution à un problème qui ne se présente pas, pour lequel il y a de nombreuses solutions et qui finirait par s'arranger. |
| | | |
| | | |

**À retenir**

— Repérez vos pensées anxieuses et n'hésitez pas à les noter.
— Identifiez la cascade des pensées.
— Interrogez-vous sur votre façon de penser.

## N'évitez plus, exposez-vous

L'évitement de la situation ne fait que conforter l'anxiété et n'apporte aucune solution.

Au contraire, le fait de s'exposer à certaines idées ou à certaines situations va vous permettre de mieux contrôler votre anxiété. C'est ce que l'on appelle l'exposition aux soucis.

### *Sur quoi repose le principe d'exposition ?*

L'exposition est une technique comportementale basée sur le principe d'habituation. L'idée est la suivante : si on est confronté à l'éventualité d'une situation que l'on redoute, le fait d'éviter d'y penser empêche de chasser cette idée de son esprit. Plus on essaye de ne pas y penser, plus on y pense. Si on prend l'exemple de la peur, on sait que l'anxiété déclenchée par une situation dangereuse va augmenter, se stabiliser (plateau) et progressivement diminuer. De plus, si l'on est à nouveau confronté à la même situation, le pic d'anxiété sera moins élevé. En renouvelant les expositions, on parviendra à réduire l'anxiété.

## *Comme le montre la figure ci-dessous, l'anxiété diminue avec le temps et les expositions répétées*

***Exposition***

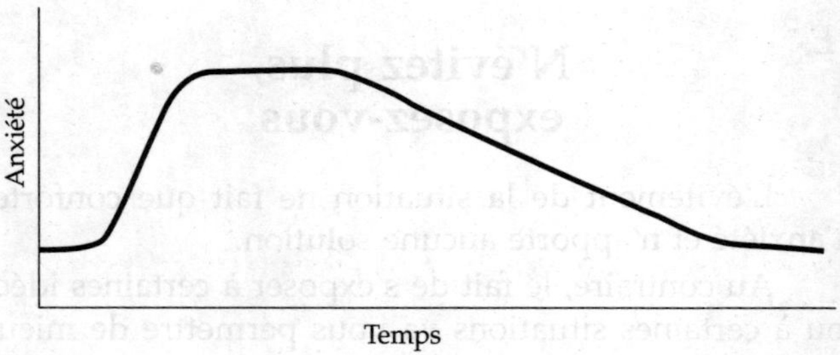


***Expositions répétées***

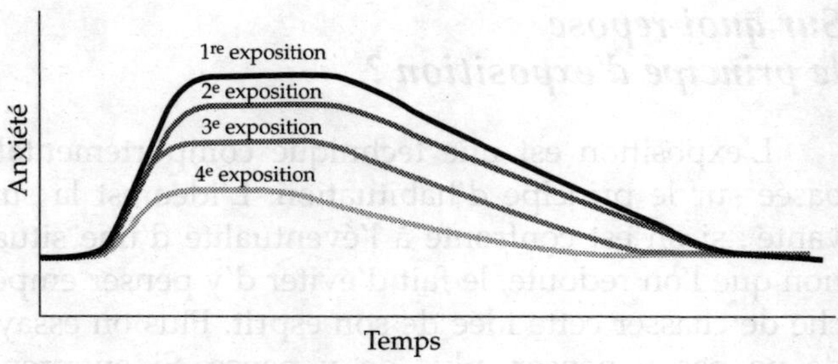


Faites ce petit exercice : pendant quelques secondes, vous allez essayer de ne pas penser à un ours blanc.

On voit que le fait d'essayer de ne pas penser à quelque chose conduit en fait au contraire à y penser et même à avoir à l'esprit l'image d'un ours blanc comme peut-être vous avez en tête ce que vous venez de vivre. C'est un phénomène paradoxal que l'on observe chez tout le monde, mais il est particulièrement fort en cas d'objet d'inquiétude chez les personnes anxieuses.

## *Exposez-vous*

Faites la liste des principaux soucis que vous identifiez.

Classez-les selon un ordre croissant (de celui qui vous rend le plus anxieux à celui que vous redoutez le moins).

Exposez-vous-y de façon graduée pendant un temps suffisamment long. Vous pouvez vous exposer en y pensant (en imagination) puis dans la vie de tous les jours (en réalité).

Imaginez que vous êtes confronté à chaque situation comme si vous viviez la scène d'un film ou que vous lisiez un roman. Vous allez donc tenter de faire défiler dans votre tête les images d'un scénario que vous redoutez. Même si cela vous semble terrifiant, allez jusqu'au bout. Vous pouvez également écrire toutes ces pensées et le déroulement de la scène en lisant à voix haute ce que vous avez écrit. N'essayez pas de chasser ces idées, affrontez-les de face.

Refaites le même exercice plusieurs fois jusqu'à ce que vous puissiez affronter votre souci. À ce stade, vous pourrez le chasser de votre esprit comme tout le monde. Il réapparaîtra si vous faites l'effort d'y penser ou si un danger extérieur vous y fait penser.

Exposez-vous en réalité à ce que vous redoutez en essayant de plus éviter.

Choisissez dans la liste un nouveau souci un peu plus anxiogène que celui que vous venez de vaincre.

Recommencez.

## *Identifiez votre scénario*

Voici ce qu'a écrit Françoise qui redoute que son fils ait un accident de moto :

> *J'imagine le téléphone qui sonne, dès que je l'entends, je sais qu'il s'est passé quelque chose, au bout du fil, une voix de femme me demande de venir tout de suite, mon fils a eu un accident de moto et elle ne peut m'en dire plus. Je pars comme une somnambule abasourdie mais je trouve l'énergie et je fais automatiquement les gestes pour conduire ma voiture. Le trajet pour me rendre à l'hôpital me paraît interminable, chaque voiture est un obstacle devant moi. J'arrive enfin aux urgences. Une voiture de pompiers s'éloigne avec son gyrophare et je sais qu'elle vient d'amener mon fils. On m'indique l'endroit où je dois aller, on me demande de m'asseoir, mais je ne tiens pas en place. Le médecin arrive et m'annonce que mon fils a fait un traumatisme crânien, que l'on attend les radios pour voir la suite. J'aperçois au fond du couloir un jeune sur un brancard, je suis sûre que c'est lui, ils vont l'opérer. Je veux le revoir. Si je ne devais plus le revoir et s'il devait mourir de cet accident absurde !*

Cet exercice paraît très pénible, voire pour certains intolérable. Mais il faut bien comprendre le principe de l'exposition. Lorsqu'on interroge 100 personnes pour leur demander si elles seraient anxieuses si un de leurs proches avait un accident de moto, toutes sans exception répondent sans hésitation oui. En revanche, lorsqu'on leur demande si elles y pensent et le redoutent, certaines diront qu'elles n'y auraient pas pensé si on ne leur avait pas posé la question. L'exposition s'adresse aux personnes qui, en de nombreuses circonstances, ruminent à propos de cette catastrophe et ne peuvent s'empêcher d'y penser. Le fait d'aller au bout de ce que l'on imagine va en fait aider à chasser ces idées.

On pourrait presque dire que l'on tente de chasser le mal par le mal. On essaye de conjurer son anxiété en y pensant très fort.

## Apprenez à contrôler votre respiration

Il a été montré que lorsque le niveau d'anxiété s'élève, la fréquence respiratoire devient plus rapide et plus ample. C'est ce que l'on appelle une polypnée. Elle a pour conséquence d'aggraver la situation en majorant les symptômes anxieux, notamment en accélérant le rythme cardiaque et en entraînant des sueurs et une sensation de vertige. Même si on a tendance, quand on est anxieux, à avoir l'impression de mal respirer, il faut rester calme et, au contraire, contrôler sa respiration plutôt que de respirer vite et très profondément. Apprenez cet exercice de contrôle respiratoire qui, comme vous allez le voir, est très simple. Entraînez-vous et vous verrez que cela vous aidera dans les moments d'anxiété.

### *Exercice de contrôle respiratoire*

Le principe de cet exercice est basé sur une respiration de type abdominal (respirer avec le ventre plutôt qu'avec le thorax). Asseyez-vous tranquillement sur une chaise, posez votre main droite sur la poitrine et votre main gauche sur le ventre. Respirez en gonflant légèrement le ventre comme un ballon et en veillant à ce que votre main sur la poitrine reste pratiquement immobile. Respirez par la bouche en pinçant légèrement les lèvres et en veillant à ne pas respirer à fond mais plutôt de façon naturelle (superficiellement). L'exercice peut paraître facile mais certains trouveront cette respiration abdominale contrôlée pas du tout habituelle et auront plutôt tendance à respirer très rapidement par le haut. Faites cet exercice 5 à 10 minutes tous les jours. Vous verrez que, très vite, vous parviendrez à contrôler parfaitement votre respiration.

Lorsque vous vous sentez très anxieux, faites cet exercice en vous concentrant sur votre état de détente.

## Apprenez à vous relaxer

La relaxation est l'une des techniques corporelles les plus efficaces pour gérer l'anxiété et elle est recommandée pour tous. Elle demande une pratique régulière : il faut faire les exercices tous les jours ou au moins 3 à 4 fois par semaine. On peut apprendre à l'utiliser concrètement en 2 à 3 mois (voir module et exercices de relaxation en annexe).

L'aide d'un thérapeute est souvent nécessaire et l'utilisation d'une cassette ou d'un CD très utile pour faire les exercices. Le but est d'apprendre à se relaxer mais surtout d'apprendre à l'utiliser dans la vie de tous les jours face aux moments d'anxiété et aux petits stress du quotidien. Il existe différentes techniques (relaxation musculaire progressive, yoga, sophrologie...). L'apprentissage peut se faire en individuel mais aussi en petit groupe. À vous de choisir votre technique et votre thérapeute. La relaxation musculaire progressive est basée sur l'alternance de tension et de relâchement de différents groupes musculaires. Nous vous présentons cette technique parce qu'elle est très simple et son apprentissage rapide.

## *Exercices de relaxation musculaire progressive*

Cette technique repose sur la contraction/décontraction musculaire. Le principe est qu'il existe une relation entre l'état émotionnel et la tension musculaire. Plus on est contracté, moins on est relaxé. L'exercice consiste donc à contracter différents groupes musculaires puis à bien prendre conscience de leur décontraction, et d'induire ensuite un état de relaxation. Vous pouvez faire les exercices assis, ce qui est moins confortable qu'en position allongée, mais vous permettra plus facilement d'utiliser cette relaxation dans la vie de tous les jours. Si vous le préférez, vous pouvez vous étendre.

Afin de bien vous concentrer, fermez les yeux pour éviter ce qui pourrait vous distraire (bruits, lumières). Il importe d'être au calme dans un endroit où vous ne risquez pas d'être dérangé pendant cet exercice qui dure environ 15 à 20 minutes. Au cours de la première séance, nous nous intéressons aux muscles de la partie supérieure du corps et à la respiration et, lors des séances suivantes, aux muscles de l'ensemble du corps. Ensuite, nous verrons comment induire un état de relaxation en un temps de plus en plus court et comment utiliser la technique dans la vie de tous les jours. Un module vous permettant de vous exercer à cette technique est présenté en annexe de l'ouvrage.

# Faites face à toutes vos angoisses

## *Crise d'angoisse ou attaque de panique*

L'attaque de panique survient brutalement sans prévenir comme « un coup de tonnerre dans un ciel serein ». Il faut que vous puissiez gérer cette crise dans n'importe quelle situation.

Pour l'entourage l'attaque de panique peut inquiéter surtout la première fois, où il peut être utile d'appeler le médecin ou un service d'urgence. Quand on a compris qu'aucune cause médicale n'est décelable, il faut éviter autant que possible d'appeler le SAMU ou SOS médecin et attendre que cela passe, rassurer et créer une ambiance de calme autour de la personne.

**QUE FAIRE EN CAS D'ATTAQUE DE PANIQUE ?**

— Si vous conduisez arrêtez-vous, dans le métro asseyez-vous, n'importe où, par terre s'il le faut…

— Vous pouvez vous en sortir par vous-même, mais n'hésitez pas à demander de l'aide, n'en ayez pas honte.

— Ne vous agitez pas.

— Ne prenez pas votre pouls, n'essayez pas de faire votre propre diagnostic, cela ne fera qu'augmenter les symptômes.

— Dites-vous que cela va passer, que vous connaissez le problème et que si c'est très désagréable, ce n'est pas dangereux.

— Vous avez déjà vécu des moments semblables et vous vous en êtes toujours sorti.

— Contrôlez votre respiration, c'est l'élément central, et utilisez des exercices de relaxation rapide (voir annexe).

— En dernier lieu et si cela dure, vous pouvez prendre un anxiolytique. Laissez-le fondre sous la langue, l'effet est plus rapide.

## *La peur de la maladie*

Ne courez pas tous les médecins, les spécialistes et les hôpitaux pour faire des examens.

Repensez aux épisodes antérieurs que vous avez vécus.

Ne vous observez pas autant et ne soyez pas à l'écoute permanente de votre corps ou du moindre symptôme.

Face à un signe quelconque, dites-vous que cela va passer et que cela arrive à tout le monde.

Raisonnez, posez-vous des questions : « combien de personnes ont mal à la tête ? » « toutes ont-elles un problème grave ? ».

Prenez le risque de vivre et donc de tomber malade : il y aura toujours moyen de s'en sortir si cela arrive.

## *L'angoisse existentielle*

Douter, se poser des questions est le propre de l'homme. Derrière un malaise diffus peuvent se cacher des interrogations plus profondes.

Acceptez de partir à la découverte de vous-même et de vous replonger dans votre vie.

Changez votre façon de voir le monde tout en sachant que l'on ne peut revenir sur le passé, inventez-vous une véritable philosophie de la vie moins anxieuse.

Explorez de nouvelles connaissances et de nouvelles croyances, ouvrez-vous au monde.

**À retenir**

Il est possible de changer ses pensées et de raisonner sur un mode moins anxieux en apprenant à mieux tolérer l'incertitude. Faites face aux soucis en vous exposant plutôt qu'en évitant. Faites des exercices de contrôle respiratoire et de relaxation rapide pour surmonter des moments d'anxiété. Vous pouvez faire face à beaucoup de vos angoisses, de l'attaque de panique à l'anxiété vis-à-vis de la maladie ou face à votre propre existence.

# Chapitre 7

# *Faites-vous aider*

« Je multiplie les thérapies. Le lundi, j'ai ma séance de physiothérapie avec Roland, le mardi, je vais chez Alexandra pour la thérapie cognitive et comportementale, et le vendredi, c'est soit l'aromathérapie, soit l'acupuncture. Mercredi et jeudi, en général, je suis à Londres, mais je vois Amy, qui constitue elle aussi une sorte de thérapie. »

David LODGE, *Thérapie.*

## Quelle psychothérapie ? Quel psychothérapeute ?

On recense plus de 200 psychothérapies différentes et de très nombreux psychothérapeutes. Il est donc bien difficile de choisir. Il faut faire attention car, dans ce milieu, beaucoup de charlatans et de sectes profitent de la détresse et de l'incrédulité des personnes en souffrance. Toutes les psychothérapies ne sont pas applicables et efficaces dans l'anxiété. Les deux psychothérapies qui ont été validées dans l'anxiété par des médecins et des psychologues sont la psychanalyse et les thérapies comportementales et cognitives. D'autres psychothérapies peuvent être des compléments utiles.

## *La psychanalyse*

La psychanalyse a été jusqu'aux années 1970 pratiquement la seule psychothérapie proposée pour soigner la névrose d'angoisse. Le fondement majeur de la psychanalyse repose sur l'existence de l'inconscient. Des traumatismes de l'existence, des sentiments ou des émotions que l'on a pas exprimés (le non-dit des émotions), des conflits relationnels, des désirs et des pulsions ne sont pas accessibles au souvenir parce qu'ils sont refoulés dans l'inconscient. C'est par la cure psychanalytique que l'analysé va remonter jusqu'à l'inconscient de façon à mettre en lumière certains éléments déterminants de son passé. Le passage au conscient lors du transfert des épisodes du passé enfouis dans l'inconscient va libérer l'angoisse.

## *Comment se passe une psychanalyse ?*

Le thérapeute laisse l'analysé s'exprimer et intervient très peu. Parfois, le patient est allongé sur un divan mais dans d'autres cas il est assis face au thérapeute. Il doit se laisser aller à parler, sans nécessairement y avoir été invité, de ce qui lui passe dans la tête. Si rien ne vient, la séance peut se dérouler dans le silence sans aucun échange. Une psychanalyse dure longtemps, en général plusieurs années. Elle implique un investissement personnel et financier. C'est la règle de la psychanalyse de n'être pas remboursée par la Sécurité sociale. Le psychanalyste a fait lui aussi sa propre analyse. Au cours de la psychanalyse, il y a parfois des caps difficiles d'interrogation et de remise en question. Certains supportent mal d'être en thérapie et ont l'impression d'aller encore plus mal sans trouver de solution.

## *Les thérapies comportementales et cognitives*

Depuis les années 1970, les thérapies comportementales et cognitives (TCC) proposées pour différents problèmes psychologiques sont aujourd'hui bien validées dans les troubles anxieux.

### ➤ Principes et objectifs d'une TCC

Le principe général des TCC consiste à identifier ce que l'on appelle un comportement anxieux et à le changer. L'objectif de ce type de thérapie est de soutenir et d'aider psychologiquement une personne qui souffre d'anxiété mais aussi de lui apprendre des moyens de gérer son anxiété seule.

Par comportement anxieux, on entend à la fois :

• L'action, c'est-à-dire le comportement proprement dit, ce qui se voit, comme par exemple des vérifications incessantes, une agitation pour voir si tout est en ordre, le fait d'appeler plusieurs fois au téléphone pour être rassuré…

• Les pensées (les monologues intérieurs, ce que l'on se dit, « je vais être en retard », « je n'y arriverai pas », « il a dû avoir un problème grave… »).

• Les émotions, ce que nous ressentons, toutes les manifestations physiques mais aussi le sentiment qui s'y associe (la peur, la honte, la colère…).

Le changement consiste à :

• Trouver une autre façon de penser : en vous efforçant de ne pas ruminer vos pensées ou d'analyser la situation autrement. Pour cela, vous allez apprendre à vous questionner sur la réalité et la véracité de ce qui vous vient à l'esprit.

• Adopter un comportement plus adapté : par exemple, si vous évitez une situation parce que vous avez le sentiment qu'elle vous met en danger et qu'en faisant cela vous vous protégez. En fait, réussir à affronter cette situation est le comportement le plus adapté. La peur n'évite pas le danger et rester cloîtré chez soi et se protéger dans sa bulle n'est certainement pas le meilleur comportement.

• Réagir par des émotions plus positives : en tentant, par exemple, lorsque vous êtes dans l'attente d'une nouvelle importante pour vous, de rester calme et de vous relaxer. Lorsque vous avez des soucis, en tâchant de rester aimable avec votre entourage qui n'y est pour rien plutôt que de vous mettre en colère. Ou encore en vous efforçant de ne pas avoir peur face à un événement nouveau.

### ➤ Comment se passe une thérapie cognitive et comportementale ?

Ces psychothérapies sont plus courtes que les thérapies psychanalytiques. Cela ne veut pas dire que les TCC sont un traitement express mais beaucoup de thérapies durent de 6 mois à un an. Les séances sont généralement proposées toutes les semaines au début puis espacées tous les 15 jours ou tous les mois ensuite. Elles sont assez longues, une demi-heure à une heure lorsque des exercices sont pratiqués avec le thérapeute. Les psychothérapeutes sont généralement psychiatres ou psychologues. Avec un psychiatre, les actes sont remboursés par la Sécurité sociale dans le cadre d'une consultation spécialisée. Avec un psychologue, les actes ne sont pas remboursés pour le moment en dépit des demandes faites par cette profession. Quelle que soit la formation initiale de votre thérapeute, il doit avoir été formé aux TCC. N'hésitez pas à vous informer. L'Association française de thérapie cognitive et comportementale fournit à ceux qui en font la demande la liste des thérapeutes de leur région inscrits à l'association (voir Adresses utiles, page 301). Il faut savoir que les thérapeutes formés ne sont pas encore en nombre suffisant et que le délai d'attente pour une prise en charge peut être long (3 mois, voire plus) avec certains thérapeutes et dans certaines régions moins bien pourvues que d'autres.

La relation avec le patient est basée à la fois sur la confiance mais aussi sur la coopération. Une participation active lui est demandée, par exemple de faire des exercices entre les séances de relaxation, de noter des pensées, de rechercher d'autres façons de penser et d'agir. Le rôle du thérapeute est celui d'un guide qui va bien définir avec le patient les objectifs de la thérapie (les problèmes qui vont être abordés en priorité) et les moyens d'y parvenir.

Habituellement, la TCC se fait en individuel, mais depuis quelque temps nous avons mis en place avec mon équipe des groupes de gestion du stress et de l'anxiété qui donnent de très bons résultats. Les participants peuvent ainsi échanger avec d'autres et sentir qu'ils ne sont pas seuls à rencontrer ces difficultés, ce qui crée une très bonne dynamique. Certains préféreront l'approche individuelle, ce qui est légitime, et ne voudront pas partager leur anxiété avec d'autres.

## *TCC ou psychanalyse, faites le bon choix*

Les thérapies cognitives et comportementales et la psychanalyse ne s'opposent pas, elles n'ont pas le même objectif. Les thérapies cognitives et comportementales se veulent aussi plus concrètes et plus pratiques et adaptées à beaucoup plus de personnes que la psychanalyse. Elles sont moins centrées sur le passé de la personne et se proposent d'identifier ses problèmes concrets dans sa vie quotidienne et de tenter de les changer. Il a été reproché aux TCC de se limiter à aborder le symptôme et de ne faire que déplacer le problème vers un autre symptôme alors que la psychanalyse s'intéresse aux causes profondes. En réalité, s'il est vrai que les TCC ont un objectif pratique de changement et d'amélioration des comportements, elles conduisent aussi à une compréhension psychologique de soi. Il s'agit d'une approche globale de la personne, mais les problèmes sont abordés de façon plus directe et plus interactive. Une psychanalyse aide à comprendre des interrogations profondes et ainsi peut-être à aller mieux et à être moins anxieux. Mais une psychanalyse peut aussi n'apporter aucune réponse à l'anxiété et aura demandé beaucoup de temps et d'argent.

Les TCC apportent plus de solutions concrètes pour mieux vivre son anxiété mais pour certaines personnes, l'anxiété trouve une origine dans des problèmes intimes qui peuvent être explorés par les voies de la psychanalyse. Ce qui importe est de pouvoir choisir sa thérapie en connaissance de cause, en sachant ce que l'on souhaite pour soi-même. Il faut accepter de prendre un peu de temps et de faire plusieurs rencontres avant de faire son choix.

Un rapport de l'Agence nationale d'accréditation et d'évaluation en santé sur le traitement de l'anxiété généralisée (ANAES 2002) souligne l'intérêt et l'efficacité reconnue des psychothérapies. Les TCC y sont présentées comme le traitement de première intention et l'intérêt des thérapies psychanalytiques limité à certains cas.

## *Les autres psychothérapies et le développement personnel*

L'anxiété est parfois le témoin d'un malaise plus personnel. On peut avoir quelque chose à résoudre avec soi-même ou avec sa vie. On peut avoir envie d'explorer d'autres voies que les psychothérapies classiques. Il existe une pléthore de techniques proposées axées sur le développement personnel et la connaissance de soi. Certaines reprennent des thèmes de la vie naturelle, de la spiritualité et de la recherche du bonheur et de la liberté. Il ne faut pas se méprendre, ces techniques reprennent toujours beaucoup des principes de la psychanalyse, de la psychologie cognitive et comportementale et de la systémique (théorie des systèmes comme la thérapie familiale). Les sujets proposés tournent souvent autour de la connaissance de soi, de l'estime de soi, de la communication avec les autres.

Cela peut être dangereux car beaucoup d'individus ou de groupes manipulateurs utilisent la psychothérapie et le développement personnel à des fins mercantiles et d'embrigadement.

La recherche du bien-être est normale et les voies qui peuvent y conduire sont différentes pour chacun. Certaines démarches de psychothérapies ou de développement personnel peuvent être assimilées à des expériences et des étapes qui marquent le chemin de la vie. C'est donc un choix personnel qu'il faut respecter.

**QUELQUES CONSEILS AVANT DE VOUS ENGAGER DANS UNE PSYCHOTHÉRAPIE OU UN STAGE DE DÉVELOPPEMENT PERSONNEL**

— Informez-vous, discutez avec d'autres personnes, comparez les avis.
— Reportez-vous à des organismes professionnels, à des associations, gardez votre indépendance.
— Restez lucide vis-à-vis du discours et des personnes.
— Ne zappez pas d'une approche à l'autre, beaucoup de messages sont les mêmes.
— Une fois que vous avez choisi ce qui vous convient le mieux, soyez persévérant mais faites le point régulièrement sur ce que cela vous apporte.
— Attendez un changement progressif plutôt qu'un effet magique instantané.

## Doit-on prendre des médicaments ?

Quand l'anxiété handicape considérablement la vie, les médicaments sont une aide qui peut être nécessaire. Mais ils doivent être considérés comme une béquille transitoire qui va permettre dans un premier temps de retrouver un mieux-être et qu'il faudra ensuite, si possible, arrêter. Il vaut mieux, si on le peut, se passer des médicaments.

Il y a deux façons d'utiliser les médicaments de l'anxiété :

• Pour soulager des symptômes rapidement comme lorsque l'on prend un antalgique pour un mal de tête.

• Pour un traitement de fond et pour tenter de stabiliser des troubles anxieux dans le temps.

Plusieurs classes de médicaments existent avec des indications différentes selon les diverses formes d'anxiété. Pour l'anxiété transitoire ou réactionnelle, les anxiolytiques sont indiqués. Il faut savoir que les benzodiazépines, les anxiolytiques les plus prescrits, entraînent une dépendance dont il est difficile de se débarrasser. D'autres anxiolytiques réduisent ce risque mais ne sont pas dans tous les cas efficaces. Certains antidépresseurs sont aussi efficaces dans l'anxiété généralisée qui nécessite un traitement de fond. Quoi qu'il en soit, il faut toujours rechercher d'autres moyens afin de limiter l'utilisation des médicaments. Les médicaments de l'anxiété ne sont pas anodins et il faut un accompagnement médical à toute prise de traitement. Ne vous « automédicamentez » pas, parlez-en toujours à votre médecin généraliste, allez consulter un spécialiste s'il le faut avant de prendre ou de reprendre un traitement.

## *Quels sont les médicaments efficaces ?*

Il y a différents types de médicaments efficaces pour traiter l'anxiété qui n'ont pas tout à fait la même indication.

Lors d'une crise d'angoisse, les benzodiazépines sont un recours si la crise ne passe pas et devient intolérable. Il faut, dans la mesure du possible, ne pas prolonger le traitement plus de quelques jours. C'est souvent difficile car l'anxiété est un phénomène qui dure.

Lorsqu'un traitement de plusieurs semaines est nécessaire, pour passer une période anxieuse ou parce que l'on vit des événements stressants et difficiles, il y a plusieurs types de traitements anxiolytiques.

Certains anxiolytiques qui n'appartiennent pas à la classe des benzodiazépines provoquent moins d'effets négatifs et moins de phénomènes de sevrage quand on les arrête. Certains ont montré un effet positif au cours d'études dans l'anxiété généralisée (Atarax®, Buspar®) et pour le trouble de l'adaptation avec anxiété (Stresam®). Leur prescription est soumise aux mêmes règles que les benzodiazépines et elle doit être limitée dans la durée.

En cas d'anxiété généralisée, handicapante et évoluant depuis au moins 6 mois, il faut parfois avoir recours à un traitement de fond. Même si cela peut paraître surprenant, certains antidépresseurs sont indiqués pour le traitement de l'anxiété généralisée. Ils ont prouvé qu'ils amélioraient l'anxiété et la qualité de vie de personnes souffrant d'une anxiété généralisée. En cas d'amélioration, le traitement doit être poursuivi au moins 6 mois à un an pour éviter les rechutes qui surviennent si on arrête trop prématurément l'antidépresseur. Dans l'anxiété généralisée, deux produits ont aujourd'hui l'AMM (Autorisation de mise sur le marché) : le Déroxat® et l'Effexor®. D'autres antidépresseurs sont actuellement en cours d'évaluation.

Depuis des siècles, certaines médecines traditionnelles utilisent des remèdes ayant des vertus calmantes à base de plantes. La phytothérapie peut être un complément utile surtout dans des formes d'anxiété moyenne transitoire et réactionnelle à des stress de la vie, ce qui est très fréquent. Elle est aussi utile chez l'adolescent pour éviter les tranquillisants.

Cela permet de se passer d'anxiolytiques tout en recevant un traitement qui a donné des résultats positifs dans certaines études. La passiflore, la valériane, l'aubépine et de nombreuses autres substances végétales sont proposées pour leurs vertus anxiolytiques.

L'Euphytose® qui est un mélange d'aubépine, de passiflore, de valériane et de ballote a fait l'objet d'une étude contrôlée et est efficace dans le trouble de l'adaptation avec anxiété. Il est indiqué dans les états anxieux légers, les troubles du sommeil, l'irritabilité et la nervosité et notamment en cas de palpitations.

## LES MÉDICAMENTS DE L'ANXIÉTÉ

| PRODUITS | INDICATIONS EN SE RÉFÉRANT À L'AMM (AUTORISATION DE MISE SUR LE MARCHÉ FRANÇAIS) |
|---|---|
| **BENZO-DIAZÉPINES** | |
| Xanax®<br>Lexomil®<br>Urbanyl®<br>Tranxène®<br>Valium®<br>Témesta®<br>Séresta®<br>Lysanxia®<br>Victan®<br>Rohypnol®<br>Havlane®<br>Noctamide®<br>Mogadon® | — Anxiété réactionnelle, notamment les troubles de l'adaptation avec humeur anxieuse et anxiété post-traumatique.<br>— Traitement d'appoint de l'anxiété au cours des névroses (notamment hystérie, hypocondrie, phobie).<br>— Anxiété associée à une affection somatique sévère ou douloureuse.<br>— Anxiété généralisée.<br>— Crise d'angoisse (attaque de panique).<br>— Prévention et traitement du *delirium tremens*.<br>— Sevrage alcoolique.<br>Le trouble panique n'est pas une indication. |
| **ANTI-DÉPRESSEURS** | |
| Déroxat®<br>Divarius® | — Anxiété généralisée évoluant depuis au moins 6 mois.<br>— Prévention des attaques de panique avec ou sans agoraphobie.<br>— Trouble anxiété sociale ou phobie sociale lorsqu'elle perturbe de façon importante les activités professionnelles ou sociales.<br>— Troubles obsessionnels compulsifs. |
| Effexor® | — Trouble anxiété généralisée. |

| PRODUITS | INDICATIONS EN SE RÉFÉRANT À L'AMM (AUTORISATION DE MISE SUR LE MARCHÉ FRANÇAIS) |
|---|---|
| **AUTRES ANXIO-LYTIQUES** | |
| Buspar® | — Anxiété réactionnelle, notamment les troubles de l'adaptation avec humeur anxieuse et l'anxiété post traumatique.<br>— Traitement d'appoint de l'anxiété au cours des névroses (notamment hystérie, hypocondrie, phobie).<br>— Anxiété associée à une affection somatique sévère ou douloureuse.<br>— Anxiété généralisée. |
| Atarax® | — Médecine générale : manifestations mineures de l'anxiété.<br>— Neuropsychiatrie : anxiété mineure. |
| Stresam® | — Manifestations psychosomatiques de l'anxiété telles que dystonie neurovégétatives, notamment à expression cardiovasculaire. |

## *Comment arrêter les benzodiazépines ?*

De plus en plus de personnes viennent consulter dans le but de diminuer ou de se passer des médicaments dont elles abusent et principalement des benzodiazépines. Il faut savoir que l'arrêt des benzodiazépines déclenche chez beaucoup de personnes des signes physiques et psychologiques que l'on appelle les symptômes de sevrage qui sont désagréables et vont conduire à reprendre le produit. Tout le monde ne va pas déclencher des manifestations de sevrage ; entrent en compte certains facteurs individuels mais aussi les doses élevées et la durée. Pour ces raisons, il convient de diminuer progressivement les benzodiazépines et de se faire aider par un médecin. Parfois on changera de produit ou on prendra un seul médicament (car certaines personnes en prennent plusieurs). Tous les compléments de gestion du stress et de l'anxiété et de relaxation sont très utiles pour aider à se sevrer.

**LES SYMPTÔMES DE SEVRAGE LES PLUS FRÉQUENTS**

— Insomnie avec cauchemar.
— Irritabilité, impatience.
— Nausées, sueurs, douleurs abdominales.
— Tension et contraction musculaire.
— Maux de tête, vertiges.
— Anxiété.
— Modification de l'humeur.
— Troubles sensoriels (vision trouble, hypersensibilité à la lumière, au bruit, au toucher et à la douleur, bourdonnements d'oreille).

Ces signes surviennent entre 2 à 10 jours après l'arrêt du produit. Ils vont disparaître spontanément en 2 à 4 semaines, mais peuvent conduire à reprendre le médicament pour se soulager.

Il peut exister exceptionnellement des manifestations graves comme des attaques de panique ou des convulsions chez des personnes fragiles ou en cas d'association avec d'autres médicaments ou d'alcool.

# L'utilité des autres médecines

Les médecines ou les philosophies orientales basées sur l'équilibre du corps et de l'esprit et la recherche de la sérénité et du bien-être proposent différentes techniques qui ont beaucoup de succès. Leur intérêt est certain comme complément et d'autant plus que le stress est modéré. Dans les états anxieux avérés, elles sont beaucoup moins efficaces.

| LES AUTRES MÉDECINES DE L'ANXIÉTÉ | |
|---|---|
| Hypnose | Méthode de relaxation profonde qui consiste à se déconnecter progressivement du monde extérieur et à maintenir le seul contact avec le thérapeute qui par la suggestion guide pour trouver des solutions. |
| Sophrologie | Méthode de relaxation utilisant différentes techniques basées sur un état de conscience modifié. |
| Yoga | Méthode de relaxation et de méditation très ancienne basée sur un travail respiratoire, musculaire et articulaire au cours de postures spécifiques. Le yoga est une philosophie de la vie qui prône la recherche de l'harmonie par une meilleure connaissance de soi et une conscience élargie du monde. |

| | |
|---|---|
| Acupuncture | Certains points seraient spécifiques au stress et à l'anxiété et la technique a été utilisée avec succès en complément des thérapies cognitives et comportementales. |
| Homéopathie | Certaines préparations sont indiquées pour le stress, la nervosité et l'anxiété (Sédatif PC®, Dolirelax®, Gelsemium®, Tarentula®…). |
| La réflexologie | Stimulation de zones de projection de l'ensemble du corps (plante du pied et paume des mains : réflexologie plantaire, iris : iridologie, pavillon interne de l'oreille : auriculothérapie) |
| Le thermalisme et la thalassothérapie | L'hydrothérapie (bain, massages, douches …) apporte indéniablement un bien être et une détente mais doit être associée à d'autres techniques anti stress et anti anxiété pour être réellement efficace. |
| Les vitamines et les oligoéléments (magnésium, calcium, zinc) | Indiqués dans les états de stress pouvant entraîner une carence (sportifs) et dans certains cas de fatigue et d'épuisement nerveux. Favorise la transmission nerveuse et ainsi limite les crampes musculaires et faciliterait la mémoire te la concentration. Des formules complètes associant Calcium, Magnésium, Vitamines B, Vitamines C et Zinc sont proposées. (Berrocca®…) |
| Tai Chi Chuan | Art martial basé sur la maîtrise du corps et de l'esprit qui enseigne aussi un art de vivre et un apprentissage de la sérénité. |

## Les associations de patients

Comme pour d'autres problèmes de santé, des associations de patients anxieux se sont créées dans le but d'informer le public sur l'anxiété et d'apporter une aide et un soutien complémentaire aux personnes concernées et à leurs familles (voir liste en annexe). Ces associations qui se sont créées à la fin des années 1980 alors que l'anxiété était plutôt ignorée ont fait un travail formidable et sont aujourd'hui très actives. Des antennes téléphoniques et dans certaines régions des permanences et des activités animées par des bénévoles sont à disposition de ceux qui souhaitent en savoir plus. Il existe des sites Internet et des bulletins d'information très faciles à consulter.

**À retenir**

Différents traitements peuvent soulager l'anxiété. Les psychothérapies sont efficaces et s'il en existe de très nombreuses, les thérapies cognitives et comportementales sont efficaces sur les symptômes anxieux et apparaissent comme le traitement le plus adapté au plus grand nombre. La psychanalyse peut être proposée comme complément pour rechercher des causes plus personnelles. Les médicaments sont utiles dans les formes sévères, mais on doit limiter leur usage pour éviter de tomber dans la dépendance. D'autres médecines et approches sont utiles comme compléments.

TROISIÈME PARTIE

# Pourquoi êtes-vous anxieux ?

# Chapitre 8

# *Naît-on anxieux ou le devient-on ?*

> « D'où viennent ces influences mystérieuses qui changent en découragement notre bonheur et notre confiance en détresse ? »
>
> Guy DE MAUPASSANT, *Le Horla*.

Beaucoup de personnes se demandent d'où viennent leur stress et leur anxiété. Elles se disent qu'elles sont comme ça et n'y peuvent rien ou, au contraire, qu'elles doivent essayer de comprendre et rechercher des causes pour agir. On peut d'emblée dire qu'il n'y a pas une seule mais plusieurs causes à l'anxiété, liées à la fois à la personne anxieuse et aux événements extérieurs. Certaines personnes sont plus vulnérables que d'autres et naissent avec un tempérament anxieux. Comment ne pas penser que des événements de vie dramatiques vécus très tôt, comme la perte ou l'abandon d'un parent, ne rendent pas plus anxieux lorsque l'on est adulte ? Les stress du quotidien qui s'accumulent ne finissent-ils pas par rendre anxieux ? Les choses ne sont pas simples, des personnes vulnérables tout comme des personnes qui ont vécu des catastrophes arriveront à surmonter leur anxiété. Comment se fait-il que certains s'en sortent et d'autres non ?

## Sommes-nous égaux face au stress ?

### *Biologiquement*

Face à une situation stressante se déclenche à l'intérieur de notre corps une cascade de réactions biologiques très complexes dont le rôle est de maintenir l'équilibre. Deux systèmes biologiques principalement sont impliqués dans cette réaction : le système nerveux et le système endocrinien. Un troisième système joue également un rôle important : le système immunitaire. Ces trois systèmes communiquent étroitement, ce qui explique que le stress puisse, par exemple, par l'intermédiaire du système immunitaire qui est notre système de défense favoriser les maladies. Les principales hormones du stress sont l'adrénaline et le cortisol. Cette réponse biologique est très influencée par le psychisme. Par exemple, si nous ne pouvons contrôler et maîtriser un stress, il s'ensuivra une sécrétion de cortisol plus importante que si nous pouvons contrôler la situation. Lorsque nous agissons, la libération d'adrénaline est plus importante que si nous restons passifs. À cela s'ajoutent des différences individuelles qui font que la réponse biologique au stress est très variable d'une personne à l'autre. Lorsque le système se dérègle, il peut favoriser la survenue de maladies. En effet, les sécrétions d'hormones dues au stress répétées ou prolongées peuvent avoir un effet négatif sur le cerveau et à la longue être responsables d'une anxiété.

***Schéma de la mécanique biologique du stress et de l'interaction corps-cerveau***

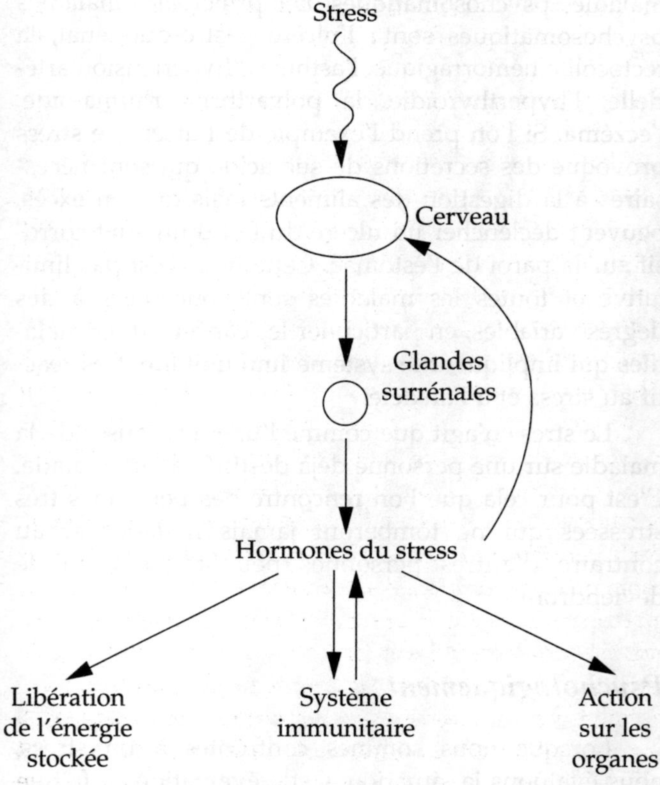

## *Stress et maladies*

À lui seul, le stress ne peut être responsable d'une maladie. Mais chez des personnes prédisposées, il pourrait activer son déclenchement. Toutes les maladies sont concernées, mais pour certaines le stress joue un rôle particulièrement important : on les appelle les maladies psychosomatiques. Les principales maladies psychosomatiques sont : l'ulcère gastro-duodénal, la rectocolite hémorragique, l'asthme, l'hypertension artérielle, l'hyperthyroïdie, la polyarthrite rhumatoïde, l'eczéma. Si l'on prend l'exemple de l'ulcère, le stress provoque des sécrétions de suc acide qui sont nécessaires à la digestion des aliments mais qui, en excès, peuvent déclencher un ulcère du fait d'un effet corrosif sur la paroi de l'estomac. Cette liste n'est pas limitative et toutes les maladies sont concernées à des degrés variables, en particulier les cancers et les maladies qui impliquent le système immunitaire, très réactif au stress et à l'anxiété.

Le stress n'agit que comme l'une des causes de la maladie sur une personne déjà destinée à être malade. C'est pour cela que l'on rencontre des personnes très stressées qui ne tomberont jamais malades et au contraire d'autres personnes peu stressées qui le deviendront.

## *Psychologiquement*

Lorsque nous sommes confrontés à un stress, nous évaluons la situation. Cette évaluation se fait en deux temps. Tout d'abord, nous évaluons la menace que représente le stress (évaluation primaire), puis nous évaluons notre capacité à faire face à la situation (évaluation secondaire). La détresse apparaît lorsque les menaces de la situation pèsent plus que les ressources évaluées.

***La double évaluation (Lazarus et Folkman)***

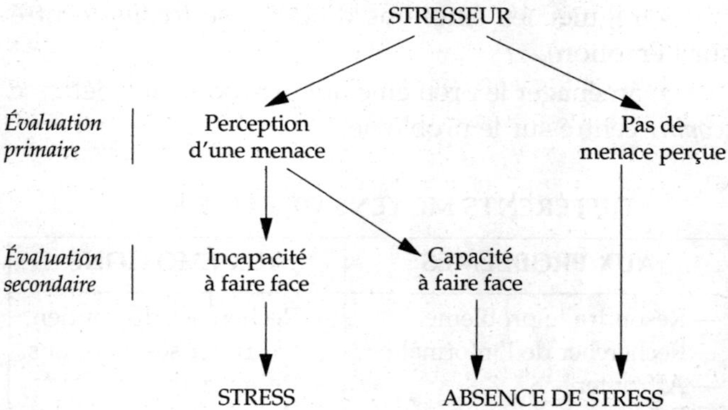


***La double évaluation***
(*Lazarus et Folkman*)

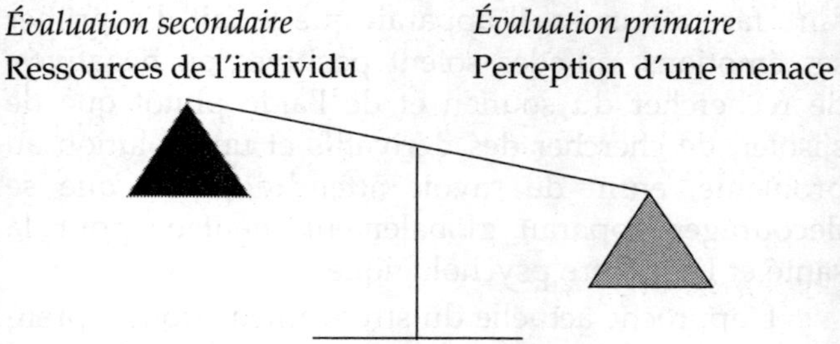


Si la menace perçue est supérieure aux ressources perçues, il y a stress

Face au stress, nous réagissons tous de façon très différente. Les psychologues anglo-saxons désignent sous le terme de *coping* (« faire face ») la façon dont une personne gère un stress (voir lexique, page 297). Il correspond aux stratégies mises en œuvre pour s'adapter à une situation perçue comme menaçante.

Le *coping* a deux rôles :

- réguler les émotions de détresse (*coping* centré sur l'émotion),
- aménager le problème qui provoque une détresse (*coping* centré sur le problème).

**DIFFÉRENTS MOYENS DE FAIRE FACE**

| AUX PROBLÈMES | AUX ÉMOTIONS |
|---|---|
| — Résoudre le problème.<br>— Rechercher de l'information.<br>— Affronter.<br>— Fuir.<br>— Minimiser. | — Rechercher du soutien.<br>— Exprimer ses émotions.<br>— Rester maître de soi.<br>— Rester positif.<br>— Prendre de la distance. |

S'il est impossible de définir la bonne façon de faire face au stress, il apparaît que le fait d'exprimer ses émotions, qu'elles soient positives ou négatives, de rechercher du soutien et de l'aide plutôt que de s'isoler, de chercher des dérivatifs et une solution au problème, enfin de savoir attendre plutôt que se décourager apparaît globalement meilleur pour la santé et l'équilibre psychologique.

L'approche actuelle du stress amène donc à prendre en compte non pas seulement le facteur de stress mais plusieurs facteurs que sont :

— Les caractéristiques du facteur de stress.

— Les ressources pour y faire face.
— Les moyens mis en œuvre pour y faire face.

## L'anxiété est-elle héréditaire ?

*Il est le portrait craché de son père. Il est anxieux comme il l'était à son âge.*

L'anxiété se transmet-elle de génération en génération ? Plusieurs études le montrent clairement, on rencontre plus d'anxieux dans des familles d'anxieux. Cela signifie-t-il que l'anxiété est héréditaire et se transmet par les gènes ? Les études scientifiques qui ont été faites montrent la part génétique mais aussi l'influence du milieu et de l'éducation dans la transmission de l'anxiété. La part exacte de ces deux facteurs est très difficile à évaluer. Une étude américaine* sur l'anxiété généralisée chez des jumeaux évalue à 30 % les facteurs génétiques, à 60 % les expériences personnelles et à 10 % l'influence exercée par le milieu familial. L'anxiété naît donc de la combinaison de plusieurs facteurs, où la génétique n'interviendrait que pour un tiers.

En fait, plus que l'anxiété, c'est le tempérament anxieux qui semble se transmettre génétiquement. Le

---

* Kendler K., Walters E., Neale M. *et al.*, « The structure of genetic and environmental risk factors for six major psychiatric disorder in women. Phobia, generalized anxiety disorder, panic disorder, bulimia, major depression, and alcoholism », *Arch. Gen. Psychiatry*, 1995, 52 : 374-383.

psychologue américain Jerome Kagan* a décrit un tempérament d'inhibition comportementale qui touche 10 à 15 % des enfants et est reconnaissable très tôt. Ce sont des nourrissons qui pleurent beaucoup, réagissent au moindre bruit et ne sont rassurés que par la présence de leur mère. Plus tard, ils se montrent plus craintifs que les autres, se mettent en retrait, évitent le contact des choses nouvelles. Bien sûr, tous ne deviennent pas anxieux et les expériences de vie, la personnalité, l'éducation vont avoir des effets positifs ou négatifs. Mais Kagan s'est aperçu, en suivant des enfants pendant de longues années, que ces traits comportementaux persistaient et que ces enfants avaient un risque plus élevé en grandissant de devenir anxieux, comparativement à des enfants élevés dans les mêmes conditions qui ne présentaient pas de tempérament d'inhibition comportementale.

> **Mon avis**
>
> Le repérage d'un tempérament anxieux très tôt est très important pour renforcer les mesures psychologiques et éducatives permettant de limiter le risque de devenir anxieux à l'âge adulte.

* Kagan J., Reznick J.S., Snidman N., « Biological basis of childhood shyness », *Science*, 1988, 240 : 167-171.

## L'anxiété est-elle due aux événements de l'enfance ?

*J'ai été marquée à tout jamais par la mort de ma mère dans un accident de voiture alors que j'avais 5 ans. Mon père a toujours été inconsolable. Nous avons toujours vécu ma sœur et moi dans l'angoisse. Je me souviens encore de mon père disant : « Ça n'arrive pas qu'aux autres. » En plus de la peine et de la difficulté à faire le deuil de ma mère j'avais le sentiment que je mourrais jeune, que jamais je ne dépasserais 30 ans, l'âge de ma mère quand elle est décédée. Il m'a fallu des années pour réussir à affronter la vie avec moins d'angoisse.*

Certains événements traumatiques de l'enfance marquent de leur empreinte l'anxiété que nous ressentons adultes. Ils modifient la trajectoire du développement psychologique de la personne.

Dès la naissance, tous les nouveau-nés recherchent la présence de leur mère. Avant d'explorer le monde, ils ont besoin d'être sécurisés par la personne la plus proche et de construire une relation stable. On appelle cette relation que l'on retrouve chez tous « l'attachement ». C'est l'attachement qui nous permet de construire notre base de sécurité et peu à peu de nous éloigner pour faire notre propre vie. L'attachement est différent chez chacun d'entre nous en fonction des circonstances de la vie.

Certains enfants, même en grandissant, restent très attachés à leur mère ; on dit qu'ils sont tout le temps « dans leurs jupes ». Ils ont besoin d'être rassurés et sécurisés et vivent comme un danger le fait de s'éloigner. Les événements de vie comme les séparations pour des problèmes divers et les décès obligent à s'adapter à cette carence et à tisser d'autres liens pour compenser les carences de la relation avec la mère.

Un événement négatif ne peut s'oublier et va rester en mémoire. La confrontation avec des situations non dangereuses va provoquer une anxiété en réactivant un moment où l'on a été en contact en réalité avec un danger. Comme si les souvenirs du passé surgissaient et s'imprimaient dans le présent.

On recherche souvent les événements de son passé qui ont pu rendre anxieux mais à l'inverse, on cherche rarement ce qui a pu influencer favorablement le cours de sa vie. Certaines personnes vont après un événement dramatique surmonter et affronter le monde. On appelle la résilience ces extraordinaires capacités de l'individu à surmonter un drame au lieu de sombrer dans le désespoir. Face à des événements graves, la résilience permet de mettre en jeu des mécanismes de défense grâce auxquels l'individu peut faire face, voire tirer partie de son malheur.

## *Est-ce dû à mon éducation et à ma famille ?*

Le fait de rencontrer plusieurs anxieux dans une même famille peut aussi venir de l'éducation, d'attitudes et de comportements que les parents transmettent à leurs enfants.

Deux situations sont à distinguer : les parents eux-mêmes anxieux et les parents qui, par leurs attitudes ou leur mode d'éducation, peuvent avoir une influence sur l'anxiété de l'enfant.

### ➤ Vais-je transmettre mon anxiété à mes enfants ?

*« Fais attention, tu vas prendre froid », « Sois prudent », « À quelle heure rentres-tu ? » « Je pensais qu'il t'était arrivé quelque chose », « Mais pourquoi tu ne m'as pas prévenu ? » « Tu ne m'écoutes jamais », « Je ne pourrais supporter s'il arrivait quelque chose. »*

La réaction des enfants face à un parent anxieux varie selon leur propre tempérament. Certains vont avoir une réaction de rejet dite paradoxale : « Si l'on m'empêche de faire quelque chose, voilà une bonne raison pour que je fasse le contraire de ce que l'on me dit. » En réaction à une mère anxieuse qui met sans cesse en garde, certains enfants choisissent d'affronter le danger et l'interdit par défi et par curiosité.

Pour d'autres, au contraire, l'attitude des parents se communique, s'imite, s'apprend. À force de m'entendre dire qu'il faut faire attention, je m'approprie cette façon d'appréhender le monde et de me soucier de tout. Une dynamique d'apprentissage se met en place pouvant expliquer que l'anxiété se transmette à travers les générations. Une mère qui fait d'incessantes recommandations à son fils influence son comportement et finit par le convaincre de la nécessité de se soucier du danger. Lui-même pouvant, à son tour, transmettre ces mêmes comportements à ses propres enfants.

### ➤ « C'est la faute de mes parents »

*Magali suit une psychothérapie et elle est convaincue aujourd'hui que si elle est anxieuse, c'est la faute de sa mère. « Il n'y avait aucune chaleur à la maison, on ne manquait de rien, mais on n'a jamais vraiment parlé ensemble. J'avais besoin d'être rassurée, d'être encouragée, elle ne savait que me mettre en garde contre tout. On ne pouvait rien faire, tout était mal et source d'ennuis. Elle ne comprenait pas que j'étais différente de mes sœurs. Elle ne m'a jamais comprise. »*

Certaines attitudes parentales vont favoriser la survenue d'une anxiété chez les enfants y compris à l'âge adulte. Il s'agit d'attitudes surprotectrices où l'enfant est couvé et protégé du monde extérieur. Contrairement aux autres enfants, celui-ci ne peut s'exposer progressivement aux menaces et aux dangers de l'extérieur, ce qui risque à l'âge adulte de s'avérer un handicap lorsque le moment vient de faire face aux dangers. On a mis en évidence aussi que certaines familles peu chaleureuses, fermées sur elles-mêmes, pouvaient jouer le même rôle en limitant les expériences de socialisation nécessaires au développement de l'enfant et à l'acquisition de moyens de défense pour s'adapter.

Il n'y a pas une bonne ou une mauvaise façon d'agir et beaucoup d'anxieux culpabilisent de leur attitude vis-à-vis des autres. Mais il faut avoir conscience de l'influence de sa propre attitude et essayer de transmettre le moins d'anxiété possible à son enfant.

# L'anxiété est-elle biologique ?

Aucun gène, aucune molécule de l'anxiété n'a été découvert. Comme pour la réaction au stress, il est peu probable que l'anxiété puisse s'expliquer uniquement par la biologie. Différents systèmes biologiques sont impliqués mais il est impossible de dire si les anomalies constatées sont à l'origine de l'anxiété ou n'en sont que sa traduction.

## *Le cerveau*

Il est la commande centrale des émotions et de toutes les fonctions psychiques. Il joue donc très probablement un rôle déterminant dans l'anxiété. Son fonctionnement est très compliqué. On sait que certaines zones bien délimitées ont une fonction particulière comme le langage, la mémoire. On a pu ainsi établir une sorte de cartographie du cerveau et mieux l'étudier par des techniques très sophistiquées d'imagerie cérébrale (comme l'IRM ou le PET Scan). On ignore aujourd'hui totalement s'il existe une zone spécialisée de l'anxiété. En revanche, le système limbique apparaît comme un carrefour des émotions et pourrait jouer un rôle dans l'anxiété comme l'ont montré des études d'imagerie cérébrale*. Il est en connexion

---

* Gorman J.M., Kent J.M., Sullivan G.M., Coplan J.D., « Neuroanatomical hypothesis of panic disorder revised », *Am. J. Psychiatry*, 2000, 157 : 493-505.

étroite avec d'autres structures comme l'hippocampe et l'amygdale cérébrale qui joueraient également un rôle dans les émotions.

### *Les neuromédiateurs*

Ce sont des substances chimiques sécrétées par des noyaux du cerveau qui transmettent l'information d'un neurone à l'autre dans le système nerveux central. Trois neuromédiateurs principaux, le gaba, la sérotonine et la noradrénaline pourraient être impliqués dans l'anxiété. Les médicaments qui réduisent l'anxiété comme les anxiolytiques ou certains antidépresseurs agissent sur ces neuromédiateurs.

**À retenir**

Il existe une prédisposition à l'anxiété : elle se manifeste par un *tempérament*, présent très tôt dans la vie et qui représente un risque d'anxiété maladive à l'âge adulte. Ce tempérament s'explique certainement par des caractéristiques biologiques et génétiques, mais celles-ci sont encore inconnues. Tous les tempéraments anxieux ne deviennent pas anxieux : c'est dire le rôle déterminant des traumatismes et des stress, de la famille et de l'éducation ainsi que de la personnalité, qui vont jouer un rôle protecteur ou au contraire fragilisant.

## Chapitre 9

# *Est-ce vraiment psychologique ?*

> « Il est certain que le problème de l'angoisse forme un point vers lequel convergent les questions les plus diverses et les plus importantes, une énigme dont la solution devrait projeter des flots de lumière sur toute notre vie psychique. »
>
> Sigmund FREUD,
> *Introduction à la psychanalyse.*

La psychanalyse est restée jusqu'aux années 1970 le seul modèle proposant une explication psychologique de l'angoisse. Aujourd'hui, d'autres modèles psychologiques comme la psychologie comportementale et cognitive apportent à la fois une compréhension et un moyen de soigner l'anxiété.

# Est-ce une névrose ?

Longtemps on a considéré l'anxiété comme une névrose. Le terme névrose a été utilisé la première fois par un médecin anglais, William Cullen, au XVIIIe siècle pour désigner des maladies nerveuses auxquelles on ne trouvait aucune cause.

## *Le point de vue de la psychanalyse*

Sigmund Freud, il y a plus d'un siècle, a décrit la névrose d'angoisse qui correspond pratiquement point par point aux descriptions que nous faisons aujourd'hui de l'anxiété généralisée. Voilà ce qu'écrivait Freud à propos de la névrose d'angoisse.

*L'attente anxieuse trouve écho dans le normal (une femme qui souffre d'attente anxieuse pense que, chaque fois que son mari est enrhumé et tousse, cela signifie qu'il a une pneumonie grippale et elle voit passer son cortège funèbre ; rentrant à la maison, elle voit devant sa porte deux personnes debout et elle ne peut se défendre de la pensée qu'un de ses enfants est tombé par la fenêtre ; si elle entend la cloche sonner, c'est qu'on lui apporte la nouvelle d'un deuil, etc.), dépasse l'anxiété normale et peut prendre une forme hypochondriaque lorsqu'elle concerne la santé du sujet.*

Freud, le premier, reconnaît l'angoisse comme un problème particulier du mal-être psychologique. Il distingue la névrose d'angoisse de la neurasthénie qui était à l'époque le terme pour désigner un état de mal-être diffus. À partir de cette description, Freud a développé ses thèses sur la psychanalyse. L'angoisse y est l'un des éléments les plus importants pour comprendre la vie psychique. La psychanalyse utilise plus volontiers le terme angoisse qu'anxiété. Si, sur le plan clinique, ces deux termes sont semblables, ils se distinguent par leur origine (voir lexique, page 297).

Actuellement, le terme névrose est abandonné par certains psychiatres et psychologues parce qu'il a une connotation négative et qu'il est trop associé aux théories psychanalytiques.

Pour la psychanalyse, l'angoisse n'est qu'un symptôme dont il faut rechercher le sens profond. Le côté irrationnel de l'angoisse qui la distingue de la peur s'explique par le fait qu'elle traduit des conflits psychologiques beaucoup plus anciens qui auraient été refoulés dans l'inconscient au cours de notre vie psychique. La psychanalyse doit aider à mettre en lumière ces conflits psychiques inconscients qui remontent souvent à l'enfance. Le fait que ces conflits deviennent conscients ferait disparaître cette angoisse.

Dans le film d'Alfred Hitchcok, *Pas de printemps pour Marnie*, Marnie est une femme très perturbée, kleptomane, qui a une phobie de la couleur rouge. Tout le déroulement du film conduit Marnie à revivre une scène refoulée où, enfant, elle tue l'amant de sa mère qui la menaçait. Le psychanalyste est remplacé par le mari de Marnie qui recherche dans son passé comme dans une enquête la solution à une énigme. Dans le film, on devine que le dénouement final guérit Marnie de sa phobie du rouge et résout son problème avec sa mère.

Hélas, l'expérience montre que les choses ne sont pas aussi simples. Rares sont les personnes anxieuses qui disent avoir trouvé, grâce à la thérapie analytique, une clé les libérant totalement de leur anxiété. En revanche, la psychanalyse peut aider à se connaître soi-même, à mieux comprendre ses relations familiales, des événements traumatiques mal acceptés.

Beaucoup d'anxieux ne ressentent pas ces conflits psychologiques intimes et refoulés de leur vie. Faut-il alors à tout prix s'engager dans une psychanalyse ? La psychanalyse a ouvert une voie de compréhension psychologique de la vie humaine, mais elle n'offre pas un modèle universel de compréhension de l'angoisse.

### *Les théories de Freud sur l'angoisse*

Freud a proposé plusieurs théories de l'angoisse.

• Dans sa première théorie*, l'angoisse est le symptôme d'une accumulation de tension sexuelle qui ne peut se libérer, comme dans l'abstinence sexuelle. Par la suite, Freud abandonne cette théorie.

• Dans sa deuxième théorie**, Freud distingue l'anxiété normale, en rapport avec un danger réel, de l'anxiété pathologique, à rattacher aux névroses. Pour Freud, dans les névroses, l'anxiété traduit un conflit psychologique dont l'origine est en partie inconsciente. L'angoisse agit comme le signal d'un danger qui n'est pas réel mais qui met en jeu des pulsions refoulées. Le conflit névrotique est de nature sexuelle. À l'origine, il n'y a pas nécessairement un trauma-

---

* Freud S., « Qu'il est justifié de séparer de la neurasthénie un certain complexe symptomatique sous le nom de névrose d'angoisse » in *Névrose, psychose et perversion*, (5e éd. fr.), PUF, 1985, p. 15-38.

** Freud S., *Inhibition, symptôme et angoisse*, (2e éd. fr.), PUF, 1968, p. 102.

tisme, mais des expériences variées comme la séduction d'un adulte ou la vision d'une scène évoquant la sexualité. La réaction anxieuse a pour but de faire face en protégeant l'individu par différents mécanismes de défense psychologique. Il n'est pas tant question de savoir ce qui produit l'angoisse mais de décrire ce qui se passe face à un conflit psychique.

## Est-ce dû au conditionnement et à l'apprentissage ?

La psychologie cognitive et comportementale est l'autre grand courant psychologique qui a apporté des explications et proposé des méthodes pour soigner l'anxiété. Cette théorie est très différente de la psychanalyse et s'appuie sur les théories de l'apprentissage et du traitement de l'information.

### *Le comportementalisme*

Le comportementalisme, né dans les années 1930, a montré que certains comportements comme la peur pouvaient être appris par conditionnement et que, pour s'en débarrasser, il suffisait finalement d'apprendre un nouveau comportement. Par exemple, une personne qui, dans l'enfance, aurait eu une grande frayeur à cause d'un animal pourrait développer, adulte, une phobie des chiens. Elle éviterait alors les situations où elle pourrait rencontrer des chiens et serait à l'affût de signaux pouvant lui indiquer ce danger. Ce modèle s'est avéré trop simple et faux car nous savons bien que toutes nos peurs ne deviennent pas une anxiété et, à l'inverse, qu'on ne trouve pas toujours un épisode de peur pour expliquer notre anxiété. Cela en particulier dans l'anxiété généralisée qui n'est pas en rapport avec un danger bien objectivé, alors que, dans les phobies, on rencontre des cas de conditionnement simple.

Le comportementalisme est l'étude des relations entre les stimuli de l'environnement et les réponses de l'individu. Les célèbres expériences de Pavlov ont montré comment un chien peut être conditionné à saliver uniquement lorsqu'il entend un son. On peut schématiser ainsi cette relation :

Stimulus ——→ Réponse

Un autre type de conditionnement, dit opérant, prend en compte les conséquences de la réponse. Si ces conséquences sont positives, le sujet aura tendance à répéter le comportement (renforcement positif +). Au contraire, face à des conséquences déplaisantes, il aura tendance à éviter la situation (renforcement négatif –).

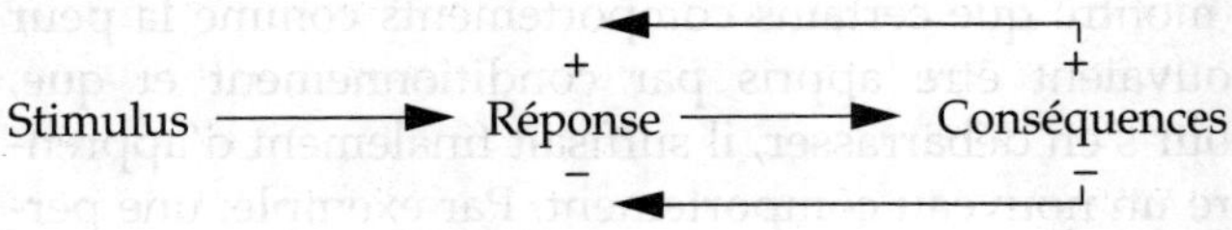


Dans le conditionnement opérant, l'apprentissage est fonction des conséquences de l'action.

Le modèle comportementaliste n'est qu'une partie d'un modèle plus large associant un modèle cognitif prenant en compte la façon dont une personne aborde et traite un problème. C'est-à-dire que l'on observe non seulement la façon dont on agit mais aussi ce que l'on se dit intérieurement (nos pensées, nos croyances et nos émotions).

## *Le modèle cognitif*

Le modèle cognitif est basé sur le principe du traitement de l'information et repose sur la théorie des *schémas* développée par le psychiatre américain Aaron Beck* que l'on peut décrire ainsi.

Stimulus ⟶ Schéma cognitif ⟶ Réponse

### ➤ La théorie des schémas

Les schémas sont des structures psychologiques profondes stockées dans notre mémoire et auxquelles nous n'avons pas accès consciemment. Les schémas se constituent dans l'enfance et tout au long de notre vie. Ils contiennent toutes les informations que nous avons sur le monde et l'extérieur. Il sont une sorte de « mémoire » influencée par des facteurs biologiques, sociaux et environnementaux. Ce sont des « structures de savoir » qui se sont constituées en intégrant les expériences personnelles et émotionnelles, l'influence culturelle, familiale et les connaissances de l'individu. Le schéma cognitif va conditionner la façon dont la personne voit le monde et se comporte.

---

* Beck A., Emery G., *Anxiety, Disorders and Phobias : A Cognitive Perspective*, New York, Basic Book, 1985.

On peut définir plusieurs niveaux :

• Les structures qui contiennent toutes les informations et les organisent. C'est à ce niveau que l'on trouve nos croyances sur le monde et nous-même qui vont être à la base des processus cognitif, c'est-à-dire le traitement des informations.

• Ce que la personne perçoit consciemment, les images, les pensées automatiques qui viennent à l'esprit.

L'hypothèse est que l'anxiété, comme les autres troubles psychologiques, serait due à des schémas dysfonctionnels. Les schémas anxieux vont conduire à traiter les stimuli de l'environnement de façon erronée, entraîner un biais dans le traitement de l'information.

Prenons l'exemple d'une personne qui interprète un retard comme la possibilité d'un accident. Si cela est en soi possible, l'assimilation d'un retard à la possibilité d'un accident correspond à une surévaluation des menaces de l'environnement. Il s'agit là d'un schéma anxieux qui a pu se constituer au cours de la vie. Ce schéma va conduire à des réponses comportementales mal adaptées.

**À retenir**

La thérapie cognitive consiste, avec l'aide du thérapeute, à mettre en évidence les pensées dysfonctionnelles, les comportements mal adaptés et les émotions négatives, et à chercher à les modifier.

## *Un modèle cognitif de l'anxiété généralisée : l'intolérance à l'incertitude*

Des psychologues de l'université de Laval au Québec ont proposé un des modèles cognitifs les plus complets actuellement de l'anxiété généralisée : l'intolérance à l'incertitude*. Pour eux, une personne souffrant d'anxiété généralisée serait prédisposée à réagir à un événement incertain indépendamment de la probabilité et des conséquences associées à cet événement.

Par exemple, pour un voyage en voiture, l'anxieux va difficilement supporter la possibilité d'avoir un accident, de se tromper de route, de tomber en panne d'essence alors que le non-anxieux ne pensera pas à toutes ces éventualités en acceptant de ne pas en connaître l'issue. L'anxiété naît de l'incapacité à supporter de ne pas savoir ce qui va se passer. Or la vie quotidienne est remplie d'incertitudes à propos de choses importantes mais aussi de choses mineures. Et l'intolérance à l'incertitude est en fait indépendante de l'issue : un étudiant anxieux dans l'attente d'un résultat d'examen dit presque préférer apprendre qu'il a échoué plutôt que de rester dans cette attente. Le plus dur étant de ne pas savoir.

---

* Ladouceur R., Gosselin P., Dugas M.J., « Experimental manipulation of intolerance of uncertainty : a study of a theoretical model of worry », *Behav. Res. Therapy*, 2000, 38: 933-941.

***Schéma du cercle vicieux de l'évitement d'après S. Bouchard (1999)***

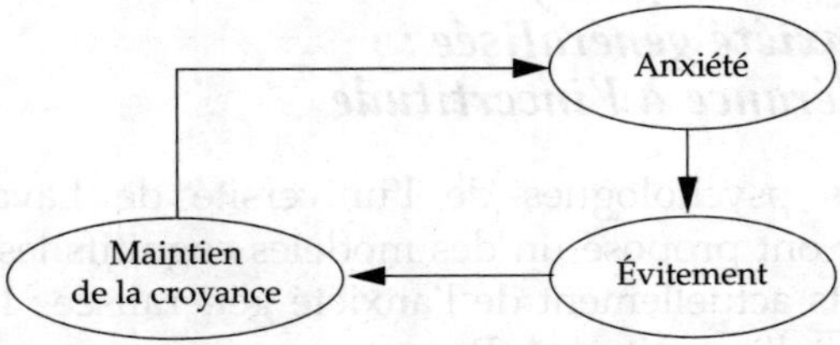


**MANIFESTATIONS D'INTOLÉRANCE À L'INCERTITUDE**

— Éviter des situations.
— Remettre à plus tard ce que l'on peut faire sur le moment.
— Vouloir tout faire soi-même, ne pas déléguer de tâches aux autres.
— S'engager partiellement dans une relation.
— S'éparpiller, courir plusieurs lièvres à la fois.
— Rechercher encore plus d'information pour aller plus en avant.
— Remettre en cause des décisions ou des choix déjà faits.
— Rechercher la réassurance.
— Rationaliser à outrance pour se rassurer.
— Vérifier plusieurs fois parce que l'on n'est pas certain d'avoir bien fait les choses.
— Surprotéger les autres, faire les choses à leur place.

D'après Ladouceur R., Dugas M.-J., « Le trouble d'anxiété généralisée » *in Les Troubles anxieux. Approche cognitive et comportementale,* Ladouceur R., Marchand A., Boisvert J.-M., Masson, 1999, p. 31-57.

## *Un modèle cognitif de la personnalité anxieuse : les schémas dysfonctionnels de l'enfance*

Deux élèves de Beck, Young et Klosko*, ont proposé une théorie de la personnalité à partir du modèle cognitif des schémas. Pour eux, les schémas cognitifs se mettent en place durant l'enfance, sous l'influence de l'hérédité et du milieu de vie (les expériences et le milieu familial principalement). Ces premiers schémas permettent à l'enfant de s'adapter à la situation qu'il vit pour assouvir ses besoins fondamentaux (être reconnu, encouragé et aimé, se sentir en sécurité, pouvoir exprimer ses sentiments et ses désirs, accéder à l'autonomie et à la confiance en soi) et vont durer toute sa vie. Si ces besoins ne sont pas comblés, les schémas sont activés et peuvent correspondre au développement d'une personnalité anxieuse. Les schémas dysfonctionnels exercent leur influence sur la façon de penser, d'agir d'un individu, ainsi que sur sa relation avec ses semblables. « Ils éveillent de violents sentiments comme la colère, la tristesse et l'anxiété. » Il y aurait donc un lien entre les schémas précoces dysfonctionnels mis en place dans l'enfance et l'anxiété de l'adulte. La prise de conscience des schémas activés doit permettre à la fois de comprendre des conflits anciens de l'enfance et de modifier des éléments de la personnalité anxieuse. C'est le but de la psychothéra-

---

* Young et Klosko, *Je réinvente ma vie*, Montréal, Les Éditions de l'homme, 1995.

pie cognitive centrée sur les schémas de l'enfance qui consiste à :

- identifier votre schéma dysfonctionnel précoce (voir liste ci-dessous) ;
- comprendre comment ils se sont organisés, par un retour en arrière sur vos expériences, vos relations parentales, votre façon d'avoir ressenti toutes ces expériences, prendre progressivement conscience de ce qui a conduit à votre anxiété ;
- essayer de changer en modifiant votre façon de voir les choses et de vous comporter face aux autres et au monde (être moins dépendant, avoir une meilleure estime de soi…).

**LES 13 SCHÉMAS PRÉCOCES**

**1. Le sentiment d'abandon :** j'ai l'impression que les êtres qui me sont chers vont mourir, m'abandonner ou me quitter pour quelqu'un d'autre. J'ai peur de rester seul et je m'accroche beaucoup aux gens que j'aime.

**2. La méfiance et l'abus :** j'appréhende constamment d'être blessé ou trompé. Je crains par-dessus tout la trahison, le mensonge, la manipulation, l'humiliation, la violence physique ou toute autre forme d'abus. Je m'attends à ce que les autres me fassent souffrir.

**3. Mauvaise estime de soi :** je n'ai pas une bonne estime de moi, j'ai le sentiment de ne pas être à la hauteur, d'être inférieur, et de réussir moins bien que les autres.

**4. Carence émotionnelle :** je crois que je ne serai jamais aimé et compris comme j'en ai besoin. Je resterai seul sans trouver le bonheur.

**5. Isolement, sentiment d'exclusion :** j'ai le sentiment d'être seul, différent des autres ou inférieur à eux. Je suis à l'écart des autres.

**6. Autocontrôle insuffisant :** j'ai du mal à me maîtriser. Quand quelque chose ne va pas comme je le veux, j'ai des difficultés à contenir mes émotions et impulsions.
**7. Peur de perdre le contrôle :** je crains de ne pas réussir à me contrôler et d'agir de manière impulsive, de faire mal à quelqu'un physiquement ou moralement.
**8. Sacrifice de soi (assujettissement) :** je fais passer mes envies et mes désirs après ceux que j'aime pour leur être agréable et qu'ils m'apprécient. Je laisse les autres choisir pour moi et j'en suis satisfait parce que je n'en serai pas capable.
**9. Sens moral et exigences élevées :** j'ai des exigences élevées pour moi et mes proches et je veux réussir dans tous les domaines. Je suis sévère avec moi-même et avec les autres. Je suis perfectionniste mais rarement satisfait de moi.
**10. Attachement :** j'ai besoin que les autres m'estiment et m'approuvent. Quand j'aime quelqu'un, je suis très proche et très attaché.
**11. Inhibition émotionnelle :** il m'est difficile d'exprimer mes sentiments et mes émotions, qu'ils soient positifs ou négatifs. Je préfère ne pas m'exprimer plutôt que d'être désapprouvé par les autres et d'être mal jugé.
**12. Dépendance :** j'ai un besoin constant des autres et de leur demander des conseils parce que je n'ai pas confiance en moi. La nouveauté m'effraie et je peux fuir facilement si on ne m'aide pas.
**13. Vulnérabilité :** je vis dans la crainte d'une catastrophe (naturelle, criminelle, financière ou médicale) imminente. Je ne me sens jamais tout à fait en sécurité face aux nombreux dangers de la vie auxquels je ne sais pas faire face.

**À retenir**

Les deux principales théories psychologiques de l'anxiété, la psychanalyse et la psychologie comportementale et cognitive, sont très différentes. La psychanalyse repose sur l'existence de l'inconscient et des souvenirs refoulés, le cognitivisme sur l'apprentissage et le traitement de l'information. Mais les deux ont en commun le rôle déterminant de l'appareil psychique et des mécanismes de défense ou d'adaptation face aux événements stressants de la vie.

# Chapitre 10

# *Y a-t-il d'autres façons de voir les choses ?*

« C'est la vie qui provoque l'anxiété et c'est la mort qui provoque l'angoisse. »

Alain FINKIELKRAUT.

## Qu'en pensent les philosophes ?

L'anxiété ne se rapporte pas seulement aux dangers de la vie, mais parfois à des doutes plus complexes qui touchent la personne dans ce qu'elle a de plus intime. On parle plus d'angoisse existentielle pour désigner cet état que d'anxiété. Certaines personnes ont un regard plus complexe sur le monde et sur elles-mêmes et se posent de multiples questions. Leur anxiété s'exprime par un questionnement sur la mort, leur destin ou sur le sens de la vie.

La médecine et la psychologie ne sont pas en mesure de répondre à toutes ces interrogations profondes. C'est peut-être le rôle de la philosophie. Pour certains, il n'y a pas aujourd'hui de place suffisante pour la réflexion. La société actuelle rejette le doute et les questions les plus fondamentales qui sont pourtant le propre de l'homme. La recherche du bien-être peut conduire à ne plus tolérer l'anxiété et à en faire un problème qu'il faut soigner. Nous devons peut-être apprendre à vivre avec le doute et retrouver des voies de recherche personnelles.

La réflexion, le fait de se construire une philosophie de l'existence peuvent être un moyen oublié dans notre société moderne plus tournée vers la productivité, la quête du plaisir et la longévité.

## *Les philosophes et l'anxiété*

L'anxiété en tant que telle n'est pas un concept philosophique. C'est surtout l'angoisse qui est abordée par la philosophie. Mais toute question philosophique sur la vie et sur soi-même amène à douter et est source d'anxiété. Certaines idées et pensées de philosophes peuvent nous aider à réfléchir sur l'angoisse.

Pour Descartes, la peur est une absence de courage : « La peur est dirigée vers quelque chose, l'angoisse est sans objet. »

En 1844, le philosophe et théologien danois Kierkegaard publie un ouvrage, *Le Concept d'angoisse*, qui va influencer le courant de la philosophie existentialiste, Heidegger et Jean-Paul Sartre. Dans cet ouvrage, l'angoisse est reliée à la notion de péché et d'innocence. Il compare l'angoisse au vertige. La raison du vertige est plus liée à ce que l'on voit qu'à la profondeur véritable. Il suffit de ne pas regarder pour ne pas avoir le vertige mais le ravin existe bien. Pour Kierkegaard, l'homme est confronté à lui-même, cette confrontation révélant à la fois la liberté d'une manière problématique et une réalité effrayante par elle-même. L'angoisse exprime la relation de l'individu, dans le monde fini, à la possibilité : « L'angoisse est la réalité de la liberté parce qu'elle en est le possible. » Au moment où l'homme ne se sent plus innocent devant ce qu'il peut être ou devant ce qu'il peut faire, il devient alors coupable de succomber à l'attrait de l'angoisse à travers la répulsion même qu'elle lui inspire. C'est « l'angoisse devant le péché qui produit le péché ».

Au début du XX$^{e}$ siècle, Heidegger a donné son statut à l'angoisse, en disant qu'elle était révélation de l'être. C'est une façon d'être au monde et même la découverte originelle de l'être. L'angoissé a peur de ce rien qu'est le néant et c'est parce que ce rien renvoie à la structure de l'être au monde comme tel qu'il s'angoisse. Le « quoi » de l'angoisse, c'est donc le monde lui-même. En philosophie, c'est l'angoisse et non pas l'anxiété qui a un statut. Il a vu dans l'angoisse autre chose qu'une humeur subjective, qu'un problème individuel, qu'un phénomène psychologique, qu'un simple état d'âme.

Pour Alain Finkielkraut, « l'anxiété accompagne la vie de tous les jours alors que l'angoisse nous arrache soudainement à cette vie, et nous arrache à notre inquiétante étrangeté de notre situation nue. L'anxiété est liée à l'affairement, l'angoisse relève de l'abîme. L'angoisse expose l'homme à la démesure de l'être, l'anxiété résulte de la volonté démesurée de l'homme ».

## Sommes-nous plus stressés et anxieux aujourd'hui ?

Après l'ère de l'étonnement (marquée par les grandes découvertes), puis celle du doute (la raison), ne sommes-nous pas arrivés à l'âge du stress et de l'anxiété nés de la difficulté à devenir soi, à une crainte de la mort et à une quête désespérée du bonheur ?

S'il n'existe pas d'étude qui nous permette de comparer la situation actuelle avec celle d'autres époques passées, beaucoup de personnes se sentent aujourd'hui concernées par le stress et l'anxiété. Les XIX$^{e}$ et XX$^{e}$ siècles ont vu une transformation des conditions de vie des pays riches : l'industrialisation, l'utilisation des sources d'énergie naturelle, l'explosion démographique et la surconsommation, source du rejet de déchets massifs sur la planète et dans l'atmosphère. Le progrès ne mène pas forcément à la tranquillité et au bonheur. Si l'anxiété est surtout un problème des pays occidentaux, elle existe dans toutes les cultures, mais elle s'y exprime différemment. Le monde judéo-chrétien n'a pas le même rapport à la vie et à l'existence que d'autres cultures marquées par une forte spiritualité, une connaissance de soi et un détachement du matériel.

La société du XXI$^{e}$ siècle* est en proie à de nombreuses inquiétudes et paraît plus vulnérable. Nous vivons aujourd'hui avec anxiété de nombreuses crain-

---

* Koupernik C., « Anxiétés du monde moderne », in *Confrontations psychiatriques*, n° 36, 1995.

tes dont les principales touchent à la menace de guerre et d'attentat due aux événements et aux tensions internationales qui agitent ce début de III^e millénaire. Le rapport à la mort a beaucoup changé. Les croyances individuelles et collectives influencent notre façon d'appréhender le monde. Au Moyen Âge, sur dix enfants qui naissaient, plus de la moitié allaient mourir de maladie et de manque de soin. Aujourd'hui la mort d'un enfant est inacceptable tant la médecine a réduit la mortalité infantile. De même, nous voulons prolonger la vie en réduisant les risques. Nous devenons anxieux à force de mieux sécuriser notre vie et en essayant de gommer par tous les moyens nos doutes et nos incertitudes.

**LES CRAINTES DE LA SOCIÉTÉ ACTUELLE LES PLUS SOUVENT CITÉES**

— La peur de perdre son travail.
— La peur d'une catastrophe nucléaire ou industrielle.
— Une guerre, un conflit international.
— La pollution (les déchets, l'effet de serre…).
— Les perturbations des climats (réchauffement, el Niño…).
— L'épuisement des ressources naturelles (eau…).
— L'insécurité.
— La contamination alimentaire (la vache folle).
— La menace terroriste, l'attentat.
— La guerre chimique et bactériologique.
— La migration des réfugiés.
— Le sida et le cancer.
— La récession économique.

À côté des craintes légitimes que l'on ressent tous avec plus ou moins d'angoisse, le stress apparaît comme la maladie du siècle. Les conditions de vie stressantes d'aujourd'hui avec la course contre le temps, le besoin de faire et de produire plus, peuvent expliquer pourquoi l'anxiété touche de plus en plus de monde. La société est peut-être plus stressante qu'elle ne l'était et en tout cas nous sommes plus sensibles aux points suivants :

- l'urgence du temps (faire plus en moins de temps, les effets des 35 heures…) ;
- les nouvelles technologies (ordinateur, mail) ;
- les concentrations de populations (bruit, pollution, embouteillage, transports…) ;
- l'habitat.

> **À retenir**
>
> L'origine de l'anxiété est mystérieuse et plusieurs voies peuvent être explorées pour comprendre d'où elle vient. Certaines causes sont innées et probablement biologiques, ce qui explique que l'on puisse naître avec un tempérament anxieux. La personnalité de chacun, les expériences de vie, l'éducation et la famille vont dans tous les cas influencer le devenir de notre anxiété.

QUATRIÈME PARTIE

# L'enfant et l'adolescent anxieux

Chapitre 11

# *L'enfant anxieux*

« Je palpitais de la même angoisse, que bien loin dans le passé, j'avais éprouvée autrefois, un jour que petit enfant, dans une foule, je l'avais perdue, angoisse moins de ne pas la retrouver que de sentir qu'elle me cherchait, de sentir qu'elle se disait que je la cherchais… »

Marcel PROUST,
*À la recherche du temps perdu.*

## Quand faut-il s'inquiéter ?

### *Ce qui est normal et ne doit pas vous inquiéter*

L'anxiété est fréquente et normale chez l'enfant. Elle lui permet de s'adapter aux dangers et de développer ses défenses.

Si vous notez des petits signes d'anxiété qui ne perturbent pas le quotidien, ne vous inquiétez pas, cela passera dans la grande majorité des cas avec le temps. Si vous sentez que votre enfant en souffre, vous allez, par vous-même, tenter de mieux l'analyser et si besoin demander des conseils.

Par ailleurs, l'anxiété évolue au cours du développement. Deux tiers des enfants ont des peurs qui varient selon l'âge.

| **ÂGE** | **ANXIÉTÉ NORMALE EN FONCTION DES STADES DU DÉVELOPPEMENT** |
|---|---|
| *De la naissance à 6 mois* | Peur des événements immédiats et inattendus (bruits, cris…). |
| *De 6 mois à 2 ans* | Personnes et situations nouvelles.<br>Peur d'être séparé ou abandonné par la mère, principale figure d'attachement (anxiété de séparation). |
| *De 2 ans à 4 ans* | Être seul, être dans le noir, les gros animaux, les monstres, le bruit, les hauteurs, le vide…<br>Petits rituels et petites manies (rangement, vérifications…).<br>La séparation d'avec les personnes familières (entrée à l'école maternelle vers 3 ans). |
| *De 4 ans à 7 ans* | Comportements superstitieux et collectionnisme (entre 6 et 8 ans).<br>Inquiétudes liées à la pression sociale (réussir à l'école, se faire des amis, être apprécié…). |
| *De 7 ans à 12 ans* | Mourir, les fantômes, les voleurs, le sang, certains aliments, la mort d'un proche, les accidents graves, les maladies graves, les catastrophes naturelles, la saleté, les microbes, la guerre, l'école et les punitions… |

## *Quand l'anxiété devient-elle un problème ?*

*Depuis la tempête de 1999, Justine a très peur de l'orage : elle reste à la fenêtre et ne peut s'endormir. Elle pleure et se précipite dans la chambre de ses parents dès qu'il pleut ou qu'il fait du vent. S'ils doivent partir en voiture, elle pose toujours la même question : « Et s'il y avait un orage ? » Si on lui demande pourquoi elle a peur, elle répond : « On pourrait être coincé et ça nous tomberait dessus. » Ses parents n'arrivent pas à la rassurer et son anxiété devient de plus en plus importante.*

Cet exemple montre bien comment une peur fréquente chez beaucoup d'enfants peut devenir une véritable anxiété maladive. On retrouve exactement la même mécanique anxieuse que chez l'adulte, avec des plaintes physiques, des pensées et des comportements anxieux. Justine s'inquiète sans raison et ses comportements d'évitement et de réassurance sont un véritable problème et ne l'apaisent pas.

**COMMENT DISTINGUER UNE PEUR NORMALE D'UNE VÉRITABLE ANXIÉTÉ**

| ANXIÉTÉ | PEURS NORMALES DU DÉVELOPPEMENT |
|---|---|
| Les peurs et les craintes de l'enfant sont prolongées par rapport à l'âge, par exemple la persistance d'une anxiété de séparation à l'entrée à l'école primaire. | Les peurs et les craintes sont conformes à ce qui est observé dans le développement de tous les enfants. |
| Les manifestations anxieuses sont fréquentes, ne passent pas spontanément et l'enfant s'en plaint. Elles se déclenchent pour des choses non dangereuses et anticipées (comme Justine qui redoute les dangers de l'orage même quand il n'y en a pas).<br>On ne peut rassurer l'enfant. | Les manifestations anxieuses sont épisodiques, finissent par s'atténuer. Elles sont déclenchées lorsque l'enfant y est confronté (peur du noir, des araignées), mais pas *en dehors* du stimulus.<br>On parvient à rassurer facilement l'enfant. |
| Les manifestations anxieuses prennent de plus en plus de place, perturbent la scolarité, la vie de famille. | Si on repère les manifestations anxieuses, elles restent modérées et ne perturbent pas la vie quotidienne. |

Il n'est pas toujours facile de repérer l'anxiété de l'enfant, soit parce qu'il a honte soit parce qu'il ne sait pas mettre des mots pour exprimer ce qu'il ressent. C'est pour cela qu'il faut être attentif à des petits signes qui peuvent être le témoin d'une anxiété qu'il faut savoir reconnaître.

# Repérez les petits signes d'anxiété

*Laurène, 7 ans, va entrer en CE1 : selon l'institutrice, elle manque de confiance en soi. Elle sait ses leçons, mais a toujours peur d'avoir oublié quelque chose. Elle a souvent mal au ventre et du mal à s'endormir. Il faut que sa mère laisse la lumière dans le couloir pour qu'elle s'endorme.*

On retrouve chez Laurène plusieurs petits signes qui évoquent une anxiété : un manque de confiance en soi, des difficultés au coucher et des maux de ventre. Ces signes sont très fréquents chez l'enfant et peuvent avoir de nombreuses causes. Le fait qu'ils soient associés, qu'ils durent et que l'on ne retrouve aucune raison doit faire évoquer une anxiété.

## ➤ Recherchez attentivement les petits signes qui évoquent une anxiété

- L'enfant est préoccupé par rapport à l'école (la rentrée, les évaluations…).
- Il se plaint fréquemment de maux de ventre, de douleurs à la tête, de vomissements, de palpitations, de sensations d'étouffement alors que votre médecin vous a rassuré et que l'on ne retrouve aucune cause.
- Il pose beaucoup de questions au sujet de la nouveauté, de l'incertitude et des dangers, ce qui semble surprenant pour son âge.
- Il est sensible et nerveux et va pleurer facilement ou se mettre en colère pour de petites contrariétés.

• Il ne réussit pas à l'école alors qu'il connaît ses leçons à la maison.

• Il tyrannise l'entourage par ses exigences.

• Il a beaucoup de mal à s'endormir ou même à aller se coucher.

• Il dort mal et fait des cauchemars.

L'enfant anxieux ne parle pas toujours spontanément de ce qui l'inquiète. Il faut prendre le temps de parler avec lui pour rechercher ce qui le préoccupe.

**➤ Sachez instaurer un climat de confiance et de dialogue**

• Trouvez des moments individuels et au calme pour lui parler.

• N'essayez pas de régler le problème devant toute la famille.

• Observez son attitude et son comportement.

• Vous ne tirerez rien des moments de conflit ou de colère pour qu'il s'exprime.

• Écoutez-le, reprenez ses mots et ses explications pour le laisser approfondir.

• Ne laissez pas trop transparaître votre propre anxiété, l'enfant le sentira et se bloquera.

• N'hésitez pas à poser des questions précises qui peuvent résumer ce qu'il craint.

• Montrez que vous connaissez bien ces signes.

• Dédramatisez et sachez rassurer votre enfant.

Une fois que vous avez repéré l'anxiété, il faut replacer ces symptômes dans leur contexte et distinguer deux situations :

• On ne trouve aucune raison apparente : l'enfant est anxieux depuis longtemps et cela s'est aggravé depuis peu. Recherchez une des formes d'anxiété de l'enfant et aidez-le à s'en débarrasser.

• Il y a une cause évidente, un changement, un problème personnel ou familial, qui perturbe l'enfant. On est dans l'anxiété liée au stress et il faudra l'aider à surmonter ces difficultés.

**RECONNAÎTRE LE TEMPÉRAMENT ANXIEUX CHEZ L'ENFANT**

Certains bébés présentent un tempérament que l'on peut qualifier d'anxieux dès les premiers mois de la vie. Ils vivent différemment les menaces de l'extérieur et réagissent par des réactions qui évoquent la peur.
Ce tempérament est présent chez 15 à 20 % des enfants. Les nourrissons anxieux pleurent et s'agitent beaucoup. Les nuits pour les parents peuvent tourner au cauchemar. En grandissant, ils peuvent être qualifiés au contraire de nerveux, d'agités ou d'émotifs. Ils sont parfois irritables, timides, évitants, introvertis et craintifs, avec une tendance au retrait lorsqu'ils sont exposés à des situations, des personnes ou des objets non familiers et cherchant à se rassurer auprès d'une personne connue. Il est donc utile de le repérer et, par des mesures éducatives simples de la part des parents et de l'entourage, d'aider l'enfant à se développer en tenant compte de ses réactions particulières.

## *Les différentes formes d'anxiété chez l'enfant*

L'anxiété toucherait 15 % des enfants et des adolescents. Les filles sont un peu plus anxieuses que les garçons.

| TROUBLE ANXIEUX | À QUEL ÂGE DÉBUTE-T-IL ? | COMMENT ÉVOLUE-T-IL ? |
|---|---|---|
| Anxiété de séparation. | Vers 6-7 ans. | Trouble anxieux le plus fréquent avant la puberté puis diminue à l'adolescence. |
| Anxiété généralisée. | Vers 6-8 ans. | Augmente en fréquence quand on s'approche de la puberté. |
| Phobie sociale. | Vers 11 ans. | Fréquente à l'adolescence. |
| Attaque de panique. | Rare avant la puberté, très fréquente entre 15 et 20 ans. | Souvent sans lendemain, peut se prolonger à l'âge adulte et évoluer vers une agoraphobie. |
| TOC. | Vers 11 ans. | La moitié des TOC débutent dans l'enfance. |

# L'enfant malade de l'anxiété

*Arthur a 6 ans et son attitude inquiète ses parents : il se ronge les ongles et se tortille sans cesse sur sa chaise. Le moindre événement suscite son anxiété. Il demande à sa mère : « Et si papa ne travaillait plus, on devrait vendre la maison ? » Pour l'école, il a peur d'avoir oublié ses leçons : et si la maîtresse le punissait ? Il a souvent mal au ventre et demande s'il n'est pas malade. Ses parents ne comprennent pas : tout va bien, il travaille bien et il n'y a aucun problème à la maison. Son anxiété dure déjà depuis plus de 6 mois et prend de plus en plus de place.*

L'anxiété que présente Arthur est comparable à l'anxiété généralisée de l'adulte, c'est-à-dire une anxiété centrée principalement sur le souci et l'inquiétude.

## *Quelles sont les pensées anxieuses de l'enfant ?*

Elles concernent préférentiellement ses proches, le travail scolaire et la santé. Ce sont des préoccupations surprenantes pour l'âge de l'enfant. Par exemple, si son père parle du bureau, l'enfant peut craindre qu'il perde son travail. Il imagine les conséquences les plus noires : le chômage, plus d'argent, la maison vendue, plus de vacances. Se met en place une cascade de pensées anxieuses et de croyances fausses que l'enfant ne peut contrôler.

Les événements à venir (comme la rentrée scolaire) peuvent être source d'une anxiété excessive qui prend alors un caractère anticipatoire. Les ruminations sont fréquentes et souvent à l'origine de difficultés d'endormissement.

Ces enfants ont tendance à douter de leurs compétences scolaires ou même sportives. On pourrait dire qu'ils mettent « la barre trop haut », ce qui les conduit à être insatisfaits d'eux-mêmes.

## *De quoi l'enfant a-t-il peur ?*

L'enfant est la proie de peurs diverses :

— La peur de ne pas se débrouiller tout seul, de ne pas surmonter les obstacles, de vivre des dangers.

— La peur de tomber malade, d'avoir des problèmes pour lui ou sa famille.

— La peur de ne pas être apprécié, d'être rejeté, de ne pas trouver sa place dans la famille, d'être effacé par les aînés, d'être différent des autres qu'il trouve plus chanceux que lui.

— La peur de ne pas être à la hauteur, d'être moins bien que les autres, de se tromper, de ne pas réussir.

## *Que ressent-il ?*

L'enfant anxieux se plaint souvent de maux de ventre, de maux de tête, de troubles digestifs (comme une fausse envie d'aller aux toilettes), de nausées, de vomissements, de diarrhées ou de constipation. On peut retrouver, comme chez l'adulte, des palpitations, une respiration accélérée, des vertiges, une pâleur, des sueurs, des rougeurs…

Il peut se plaindre de fatigue due à la tension psychologique qu'il vit.

Les crises de colère, pleurs, frustration, culpabilité sont fréquentes.

L'insomnie et les difficultés au coucher sont parmi les signes le plus souvent rencontrés chez l'enfant anxieux. L'enfant peut s'énerver au moment de monter dans sa chambre alors qu'il était calme auparavant. Il appelle ses parents, a besoin d'une lumière pour dormir. Il pose des questions ou s'inquiète pour ses affaires, l'école ou quelque chose à faire le lendemain. En fait, rien ne le rassure et il continue à y penser, ce qui va l'empêcher de s'endormir.

### *Quelle attitude adopter face à cette anxiété ?*

L'anxiété généralisée touche beaucoup d'enfants : elle n'est pas grave en soi, mais plutôt gênante, et peut se compliquer si on ne fait rien. Il ne sert donc à rien de s'inquiéter plus que nécessaire, mais il ne faut pas fermer les yeux et nier la réalité. Il faut aider l'enfant à comprendre et à réduire son anxiété, et si cela ne passe pas, consulter un spécialiste.

### *Que devient l'anxiété avec le temps ?*

L'anxiété généralisée, dans beaucoup de cas, finit par passer avec le temps, mais le risque est la rechute et l'évolution vers une autre forme d'anxiété ou même une dépression. Il paraît aujourd'hui important de ne pas laisser l'anxiété généralisée évoluer pour son propre compte : il faut au contraire la traiter et la prévenir le plus tôt possible.

## COMMENT AIDER VOTRE ENFANT À S'ENDORMIR ?

— Si vous sentez que votre enfant est énervé, s'il n'arrive pas à s'endormir, qu'il a chaud, qu'il vous appelle et demande de l'eau ou tout autre chose, ne pensez pas qu'il va s'endormir si vous lui dites : « allez, maintenant endors-toi tout de suite, demain il y a école ».
— Tentez de le calmer, éventuellement levez-le, faites-le marcher un peu, aller aux toilettes.
— Prenez-le dans vos bras, racontez-lui une histoire. Parfois, cela suffira à le rassurer et à induire le sommeil.

## COMMENT FAIRE FACE À UNE CRISE D'ANGOISSE DE VOTRE ENFANT ?

— Rassurez-le tout en prenant en compte ce qu'il ressent.
— Trouvez des mots pour expliquer la crise : « Beaucoup d'enfants ont des crises qui passent et qui ne sont pas graves. »
— S'il fait une colère, restez calme, isolez-le du reste de la famille et restez avec lui.
— Montrez-lui comment contrôler sa respiration (voir page 173), donnez-lui des petits « trucs » qui lui permettront de reprendre le contrôle.
— Les tranquillisants sont à proscrire.
— Si la crise dure et si vous avez un doute, appelez le médecin, ce qui peut avoir un effet apaisant pour l'enfant.
— Il ne faut pas oublier, les jours qui suivront la crise, de réexpliquer les choses, de souligner qu'il ne s'est rien passé de grave, qu'il faut qu'il apprenne à la faire passer tout seul et qu'il va y arriver.

## Un trouble à ne pas méconnaître : l'anxiété de séparation

*Anne est désemparée et ne sait pas ce qu'elle doit faire avec son fils Adrien, 10 ans, qui refuse d'aller à l'école. Dès qu'il doit se préparer, ça commence : il pleure et se met en colère. Après, il traîne les pieds et il faut constamment être derrière lui. Pour monter dans la voiture, c'est toute une histoire : « Il me dit qu'il ne veut pas aller en classe, qu'on ne l'aime pas, qu'il est malade. Je dois discuter avec lui, le prendre dans mes bras, le rassurer. Devant l'école, il s'accroche à moi et ne veut plus me quitter. Je l'entraîne vers la cour et il revient en courant pour se jeter dans mes bras. Il faut que je me fâche et je profite de l'arrivée d'un de ses camarades de classe pour l'entraîner vers l'école. Ça m'épuise, c'est la même chose quand je dois m'absenter. Il me demande si je ne vais pas l'abandonner et partir loin. Je ne peux pas le faire dormir ailleurs qu'à la maison, même chez sa grand-mère. Il préfère que sa grand-mère vienne chez nous. » Anne se demande ce qu'elle peut faire.*

Lorsque l'anxiété de séparation se prolonge, elle devient un vrai problème, voire un cauchemar. En fait, l'enfant ne supporte pas l'idée d'être séparé de sa mère ou de sa famille. Face au moindre projet de séparation, l'enfant imagine qu'il pourrait être abandonné, que ses parents pourraient mourir, qu'il pourrait être enlevé et ne jamais rentrer chez lui. Cette anxiété est très intense et peut déclencher des colères ou une opposition pour ne pas se mettre en danger.

Certains enfants, en raison de leur anxiété, refusent d'aller à l'école comme dans l'exemple d'Adrien. Souvent, des signes peuvent permettre de dépister une anxiété de séparation à un stade plus précoce.

## *Ce qui oriente vers l'anxiété de séparation*

Un certain nombre de signes et de manifestations peuvent révéler, chez votre enfant, une anxiété de séparation.

• Face à une séparation ou une menace de séparation (aller à l'école, chez des amis ou de la famille, rester seul à la maison ou se rendre en camp de vacances), l'enfant se manifeste par des pleurs, des colères, un agrippement, des suppliques et tout ce qui peut éviter la séparation. Dans les cas les plus spectaculaires, on peut se trouver face à un état de panique.

• Les préoccupations de ces enfants ont pour objet eux-mêmes et leur famille. Tous les événements susceptibles de porter atteinte à l'intégrité de la cellule familiale sont redoutés, en particulier la maladie, la mort, les accidents, les voleurs, les ravisseurs.

• Le refus d'aller se coucher ou de s'éloigner de ses parents est aussi un signe.

• Des cauchemars à répétition, à thème de séparation, et des réveils anxieux sont aussi fréquents. L'enfant peut aller rejoindre ses parents dans leur lit et refuser de se recoucher seul, obligeant les parents à se lever pour aller le rendormir ou à le faire dormir dans leur lit. Ces situations autour du sommeil peuvent instaurer un climat de tension familiale.

• La réticence à se rendre à l'école existe sous différentes formes qui vont jusqu'au refus scolaire voire à l'absentéisme. Cet état s'accompagne souvent de douleurs physiques : maux de ventre et de tête.

C'est en faisant certains recoupements (sommeil, refus de dormir en dehors de la maison, peur de l'école, que l'on s'oriente vers l'anxiété de séparation).

Souvent, tous ces symptômes restreignent également les déplacements des parents qui finissent par renoncer à leurs loisirs tant la séparation plonge l'enfant dans une détresse importante.

## *Quelle attitude adopter à ce stade ?*

> *« Tu as pensé que maman ne reviendrait pas. Tu sais, beaucoup de petits garçons et de petites filles ont peur comme toi. On va voir ensemble comment tu peux ne pas y penser. »*

L'anxiété de séparation va souvent retentir sur les activités de l'enfant. Les relations parents-enfant et entre les frères et sœurs sont bouleversées. À un certain stade, la scolarité est touchée, ce qui pose des problèmes. Il faut agir pour que l'enfant ne prenne pas trop de retard. Des cours par correspondance sont nécessaires lorsque le refus scolaire se prolonge.

Il faut accepter l'idée que l'enfant ne le fait pas exprès, que c'est plus fort que lui et que la cause de cette anxiété n'est bien souvent pas évidente. Les frères et sœurs élevés de la même façon ont une vie parfaitement normale. Compte tenu du retentissement du trouble, une aide extérieure est le plus souvent nécessaire. L'accompagnement psychologique, dont la durée n'est pas toujours prévisible, a un double objectif :

• aider l'enfant à comprendre certains problèmes relationnels avec ses parents et ses liens d'attachement,

• l'aider à contrôler ses symptômes et à affronter les situations qu'il redoute.

### *Que devient l'anxiété de séparation avec le temps ?*

L'anxiété de séparation, comme l'anxiété généralisée, finit par disparaître, mais risque de réapparaître au cours de la vie sous la forme d'une anxiété généralisée, d'un trouble panique ou d'une agoraphobie. Il pourrait y avoir un lien entre l'anxiété de séparation d'une part et les attaques de panique et l'agoraphobie, d'autre part. L'éloignement de chez soi est vécu comme un danger potentiel de faire une attaque de panique.

## L'enfant malade du stress

L'enfant est un être en phase de construction et il est sensible aux stress de la vie qui peuvent le rendre anxieux. Souvent, il refuse d'en parler, même avec ses parents et personne ne sait ce qu'il ressent réellement. L'enfant va réagir en se renfermant sur lui-même, en s'opposant ou en se plaignant, ce qui pourra ne pas être compris par l'entourage, surtout dans un contexte déjà rendu difficile par les problèmes ou les changements vécus par la famille.

**REPÉREZ LES SIGNES DE STRESS CHEZ VOTRE ENFANT**

| SIGNES PHYSIQUES | SIGNES PSYCHO-LOGIQUES | COMPOR-TEMENTS |
|---|---|---|
| Difficultés à s'endormir, nuit agitée, cauchemars. Fatigue. Mal au ventre ou à la tête. Aggravation d'un problème (asthme, herpès, tics, bégaiement). Crise d'angoisse. | Manque de concentration. Difficulté pour apprendre. Dévalorisation, manque de confiance en soi, mauvaise estime de soi (personne ne m'aime, je suis nul). | Énervement, enfant survolté. Enfant râleur. Grignotage. Blocage et évitement. |

Quels sont les stress qui peuvent rendre un enfant anxieux ?

— la pression et les exigences à l'école ;
— la pression des parents ;
— le racket et les violences à l'école ;
— les déménagements ;
— une naissance ;
— les mésententes et disputes des parents ;
— les séparations et les divorces ;
— la maladie d'un parent (physique ou psychologique).

Il est souvent impossible de supprimer les stress qui font partie de la vie de chacun, mais il faut essayer de comprendre pourquoi l'enfant est en difficulté et l'aider à mieux faire face.

## *La pression de la réussite*

*Les parents de Ludivine ne cachent pas leur souhait que leur fille réussisse. Elle a une vie très active avec la danse, le poney, le piano et l'école. Depuis quelque temps, elle est fatiguée et a souvent mal à la tête. On ne trouve aucune raison et ils vont prochainement consulter un spécialiste.*

Beaucoup d'enfants subissent de la part de la famille et de l'école des pressions de plus en plus fortes. Ils se sentent pratiquement obligés de réussir pour ne pas décevoir. Cela est d'autant plus difficile que c'est dans tous les domaines. Certains enfants ont un véritable agenda de « chef d'entreprise ». Les activités s'enchaînent les unes aux autres sans répit, toujours dans un climat de compétition et d'épreuves. Si de rares enfants réussissent tout, beaucoup vont petit à petit se désintéresser de certaines activités. Ils ont du mal à faire la différence entre ce qui est important et ce qui ne l'est pas.

Le stress peut se manifester par une démotivation, un détachement, voire une opposition que l'entourage ne comprend pas. L'enfant qui ne réussit pas se sent incompétent : il a une mauvaise estime de soi, il a peur de déplaire ou du jugement de ses parents par rapport à ses frères, ce qui conduit au mal-être anxieux. Plus la pression se maintient plus l'enfant aura du mal à faire face au stress. Sans abandonner le cadre éducatif, il faut savoir aider l'enfant en ajustant la pression et en l'aidant à s'adapter.

**AIDEZ VOTRE ENFANT À RÉUSSIR**

— Abandonnez l'idée de l'enfant qui réussit tout.
— Acceptez les qualités et les faiblesses de votre enfant, anticipez ses réactions émotives et la confiance en soi et surtout évaluez objectivement ses capacités pour ne pas lui fixer des objectifs trop élevés.
— Acceptez qu'il puisse parfois perdre du temps ; il est inutile de vouloir remplir au maximum son emploi du temps.
— Laissez votre enfant exprimer ses choix : si les parents sont là pour initier, donner le goût et encourager, attention aux activités « par procuration », c'est-à-dire qui correspondent à ce que les parents aiment ou auraient aimé faire.
— Ne multipliez pas les activités dans tous les domaines si l'enfant à du mal à s'investir.
— Veillez à ce que les activités procurent du plaisir et ne soient pas toujours axées sur la performance et la réussite.
— Face à des échecs ou à des difficultés, réduisez les contraintes pour éviter que l'enfant se braque ou se décourage.

## *Vivre les changements*

*Ludovic travaille mal à l'école et s'oppose beaucoup depuis le divorce de ses parents qui se passe mal. Il n'était pas du tout comme ça avant. Il se renferme et ne parle de rien ; on sent bien que cette situation le rend anxieux alors que pour sa sœur on a l'impression que cela n'a rien changé dans son comportement.*

*Agathe est stressée comme le dit sa mère, depuis que ses parents ont déménagé, elle fait de l'eczéma et a beaucoup de problèmes d'allergie. Il n'y a pas de doute, cela vient du déménagement. Elle pleure et ne veut pas aller dans sa nouvelle école. Elle qui était si à l'aise l'année dernière n'a plus confiance et dit ne pas avoir de copine ; elle ne veut pas s'inscrire à la danse parce qu'elle ne connaît personne.*

La période de l'enfance est marquée par les nombreux changements qui lui sont imposés. L'enfant n'a le plus souvent pas son « mot à dire », et il les subit. Cela va du simple déménagement à la séparation du couple parental. Les événements qui touchent à l'organisation de la famille (séparation, divorce, recomposition familiale) ont une charge affective particulière puisque l'enfant doit reconstruire ses liens affectifs et doit accepter des manques et des frustrations. Cela fait partie de l'histoire de sa vie, mais il faut comprendre que certains enfants seront plus en difficulté que d'autres.

**AIDEZ VOTRE ENFANT À VIVRE LES CHANGEMENTS**

— Aidez-le à exprimer ce qu'il ressent et ce qu'il pense.
— Reconnaissez ce qui est perdu mais tournez-vous positivement vers l'avenir.
— Laissez-lui du temps pour intégrer une nouvelle dynamique familiale (le rejet au début d'un nouveau conjoint n'a rien de surprenant).
— Évitez au maximum de le mettre en position d'otage en cas de conflit important du couple parental.

## *Surmonter les événements graves*

*Depuis que son père est hospitalisé, Arthur est intenable. Il a volé dans un magasin et s'est fait prendre en train de fumer à l'école. Sa mère le punit et s'énerve : elle se sent dépassée et n'a pas de temps avec tous les problèmes.*

*Les parents de Mathias savent d'où venait l'anxiété de leur fils depuis que trois garçons qui tyrannisaient et rackettaient toute la classe ont été renvoyés. Ils ne comprennent toujours pas pourquoi il ne disait rien : ils voyaient bien que leur fils n'allait pas bien et était inquiet.*

Les événements douloureux et les traumatismes sont malheureusement fréquents : ils constituent des stress que souvent l'on ne peut pas maîtriser. Ils jouent un rôle important dans la psychologie de la personne adulte et sur son anxiété. L'enfant devra en grande partie s'en sortir par lui-même, mais si vous le pouvez, aidez-le et guidez-le.

**QUELQUES CONSEILS AUX PARENTS POUR PRÉVENIR LE STRESS DE LEUR ENFANT**

— Les parents eux-mêmes stressés peuvent passer à côté du stress de leur enfant.
— Des stress qui peuvent paraître anodins et sans importance pour les parents peuvent avoir des répercussions importantes sur l'enfant.
— L'enfant ne parlera pas toujours de son mal-être ou de ce qui le stresse : il faut l'aider à verbaliser, à analyser, à trouver des solutions sur la base de la résolution de problème (voir page 134).
— Rassurez-le, expliquez, analysez avec lui.
— Valorisez tous les changements, encouragez, renforcez positivement.
— Ne soyez pas impatient : il faut du temps pour que les choses changent.
— Aidez-le à prendre confiance en lui, à s'affirmer.
— Faites-vous conseiller ou aider quand il le faut.

# Les autres formes d'anxiété qu'il ne faut pas confondre

## *Les TOC*

*Pour Hugo, rien ne va plus depuis le début de l'année, les résultats scolaires ne sont pas bons. La maîtresse le trouve très lent, il refait plusieurs fois les mêmes choses. Sa mère s'est inquiétée lorsqu'elle l'a vu, à la maison, s'arrêter quand il ouvrait une porte. Il a fini par lui dire qu'il devait compter pour éviter des chiffres qui portent malheur. Il est aussi très lent pour s'habiller et pour manger.*

Beaucoup d'enfants ont des petites manies qui les conduisent à vérifier plusieurs fois certaines choses : cela inquiète parfois beaucoup les parents. Dans la grande majorité des cas, ces rituels et ces manies sont le témoin d'une phase normale du développement ou éventuellement d'une anxiété généralisée. Dernièrement, on a beaucoup parlé du TOC dans les médias. C'est une bonne chose car les enfants n'étaient pas pris au sérieux malgré toute la souffrance qu'occasionne le TOC. Cela a permis aux familles de mieux repérer le trouble et aux professionnels de se mobiliser davantage.

En revanche, cela a beaucoup inquiété les parents et beaucoup d'enfants anxieux sont étiquetés trop hâtivement comme ayant un TOC, alors qu'ils souffrent en fait d'une anxiété généralisée. En cas de doute, il faut consulter un spécialiste qui seul pourra faire le diagnostic de TOC.

Voici certains éléments qui peuvent, dans un premier temps, aider à faire le point.

| LES TOC | LES RITUELS NORMAUX DE L'ENFANT |
|---|---|
| Les principales obsessions chez l'enfant :<br>— Peur de la contamination (sida, vache folle, pneumopathie…).<br>— Peur d'un malheur pour lui ou son entourage.<br>— Ordre, perfection, symétrie.<br>— Doute.<br>Les principales compulsions :<br>— Lavages (le plus fréquent des TOC : plus de 80 % des cas).<br>— Répétition de phrases, mots, chiffres.<br>— Toucher des objets.<br>— Collectionner, ne pas jeter. | Les petits rituels (comme les rituels du coucher) ou manies existent chez beaucoup d'enfants vers 2 ans et demi. Ils s'atténuent entre 4 et 6 ans pour disparaître vers 8 ans. Ce sont des petites manies autour du bain, des repas, du coucher ou du travail scolaire. |
| Les rituels prennent de plus en plus de temps (parfois plusieurs heures). L'enfant recommence ses devoirs sans cesse, il est très lent et on peut remarquer de nombreux rituels au moment des repas, de l'habillage, de l'ouverture des portes… | Les rituels sont fugaces. |
| Retentissement sur la scolarité et la vie quotidienne. Par exemple, l'enfant va relire ou réécrire une ligne, se laver les mains, ou accomplir un rituel (compter, faire un signe, un pas…) dans les gestes de la vie quotidienne. | Les rituels ne perturbent pas le fonctionnement scolaire et sont limités au coucher. Par exemple, l'enfant met ses vêtements et range ses jouets selon un ordre précis. |

## *La phobie sociale*

*Vanessa est décrite par ses parents et ses proches comme une petite fille très gentille et très calme. En classe, on ne l'entend pas, même si elle connaît la réponse, elle ne prendra jamais la parole devant les autres. Pour une poésie qu'elle connaissait par cœur, elle a bafouillé et s'est mise à rougir. Si quelqu'un qu'elle ne connaît pas vient chez elle, elle monte dans sa chambre dès qu'elle entend sonner. Elle refuse de se mêler à un groupe d'enfants qu'elle ne connaît pas bien. L'année dernière, elle était terrorisée à l'idée de devoir monter sur une scène avec les autres enfants de sa classe pour le spectacle de fin d'année. Elle n'a pas confiance en elle et doute beaucoup de ses compétences. Elle a parfois honte vis-à-vis des autres, sans raison : elle se trouve toujours moins bien et a tendance à se dévaloriser.*

La phobie (ou anxiété) sociale est un trouble qui débute le plus souvent chez l'enfant. L'anxiété survient lorsqu'il est confronté au regard et à l'attention des autres. Cela va l'amener à éviter les situations sociales (être en groupe, parler en public, manger, jouer avec les autres…). La phobie sociale ne touche pas seulement les relations avec les adultes, car il est normal que l'enfant redoute la confrontation avec les adultes, mais aussi avec les enfants de son âge. Par exemple, l'enfant reste seul à la récréation et a du mal à s'intégrer à un groupe. Il est solitaire, en retrait des autres, ce qui va développer souvent un sentiment d'infériorité et une mauvaise estime de soi.

Cela dépasse la simple timidité car l'enfant a l'impression qu'on se moque de lui, qu'on le trouve nul, moche, malhabile et il a lui-même un mauvais jugement sur soi. Il a un sentiment quasi constant de gêne lorsqu'il est soumis au regard des autres dans les situations les plus banales de la vie.

**PRINCIPALES SITUATIONS SOCIALES REDOUTÉES PAR L'ENFANT ANXIEUX**

— Parler en public.
— Manger en face des autres.
— Être en classe avec les autres enfants.
— Demander d'aller aux toilettes en dehors de chez soi.
— Parler à des personnes représentant l'autorité ou en rapport avec le cadre scolaire.
— La rentrée des classes surtout dans un nouvel établissement.
— Demander des renseignements.
— Se changer pour aller à la gymnastique.
— Aller à un anniversaire ou à une fête.

**COMMENT AIDER VOTRE ENFANT À AVOIR PLUS CONFIANCE ET À ÊTRE MOINS TIMIDE ?**

— Aidez-le à parler de son problème.
— Aidez-le à accepter son image.
— Montrez-lui comment faire de vrais petits exercices (acheter le pain, demander un renseignement…).
— Renforcez positivement ce qu'il fait.
— Favorisez les activités en groupe (sport, musique…).

# Comment aider l'enfant anxieux ?

*Anne-Sophie sait bien qu'Anatole, son petit garçon de 8 ans, est anxieux. Elle en a parlé à son médecin généraliste qui lui a dit qu'on verrait plus tard si cela persistait. Dès qu'il y a un événement nouveau, il ne tient pas en place, il est à la fois content et excité, mais s'interroge sur tout. « Il se ronge les ongles : ça m'angoisse de le voir comme ça, moi qui suis déjà anxieuse. Je me demande si ce n'est pas moi qui lui ai transmis mon anxiété. » Elle ne sait vraiment pas comment faire pour rassurer et aider Anatole. « Que faut-il que je fasse ? Est-ce que je dois consulter quelqu'un ? »*

## *Quelques conseils généraux*

Beaucoup d'états d'anxiété chez l'enfant ne sont pas graves et vont s'amenuiser avec le temps. Comme l'adulte, certains enfants ont un tempérament anxieux et on ne peut complètement les changer.

Il faut tenter d'accompagner son enfant chaque jour plutôt que s'affoler.

Pensez que si vous êtes trop anxieux, votre anxiété va se transmettre ; si l'enfant vous sent tendu et préoccupé à son sujet, cela ne fera qu'augmenter sa propre anxiété.

Tâchez de prendre un peu de recul et de relativiser.

**ÉVITEZ D'ÊTRE UN PARENT ANGOISSANT**

Vous devez bannir un certain nombre d'attitudes parentales en fait très anxiogènes, c'est-à-dire génératrices d'angoisse :
— Surprotection : « Ne sors jamais. »
— Maximisation : « Cela peut être très dangereux si tu n'y fais pas attention. »
— Recommandation : « Fais attention qu'il ne t'arrive rien. »
— Généralisation : « Méfie-toi de tous les dangers. »
— Réassurance : « Appelle-moi dès que tu arrives. »
— Culpabilité : « Si tu fais ça, tu vas faire mourir ta mère de peur. »

## *Le retentissement sur la famille*

L'anxiété se communique et s'amplifie. Elle retentit sur le comportement de l'enfant surtout au sein de la famille. Certains enfants paraissent « normaux » à l'extérieur, mais dès qu'ils sont chez eux, ils explosent. Certains vont même jusqu'à devenir tyranniques envers leur entourage. Ils se déchaînent et certaines crises d'angoisse peuvent s'accompagner d'une violente colère. Pour l'entourage, il n'est pas simple de savoir ce qu'il faut faire et ne pas faire.

Il est difficile de voir le mal-être de son enfant comme il est difficile de prendre du recul tant on se sent impliqué. Il faut cependant trouver une certaine distance et adopter une attitude ni trop rigide ni trop protectrice.

## *Quand consulter et qui ?*

N'hésitez pas à prendre conseil auprès d'un professionnel. Du fait que l'enfant verbalise peu, la consultation peut être difficile et la distinction entre une anxiété normale du développement et une anxiété pathologique demande souvent plusieurs rencontres. N'hésitez pas à voir un psychiatre ou un psychologue spécialisés chez l'enfant et l'adolescent, si nécessaire dans une consultation médico-psychologique ou un service hospitalier. Acceptez l'idée que le changement nécessite du temps, que personne ne peut résoudre immédiatement le problème et qu'il n'y a pas de remède miracle.

Votre rôle est fondamental dans la prise en charge de l'anxiété de l'enfant. Vous pouvez, par de bonnes attitudes, aider à la diminution voire à la résolution d'une anxiété passagère. Si une prise en charge psychologique est nécessaire, vous serez partie prenante pour aider votre enfant.

### ➤ La première consultation

Il est souvent préférable que l'enfant rencontre le psy seul la première fois, même s'il est opposé à la rencontre. Cela permet de le responsabiliser et de montrer qu'on le prend au sérieux. Le ou les parents viendront en fin de consultation afin de comprendre le problème et savoir ce qui peut être proposé. Si l'enfant a une anxiété de séparation importante, il consultera avec sa mère ou ses parents la première fois puis progressivement, lorsqu'il sera plus en confiance, on lui proposera de consulter seul.

Par la suite, les parents vont être amenés à rencontrer régulièrement le psy pour aider aux changements en dehors des séances et adopter l'attitude la moins anxiogène pour l'enfant.

## *Quels sont les traitements qui sont aujourd'hui proposés ?*

### ➤ Les psychothérapies

Les psychothérapies cognitives et comportementales peuvent être pratiquées chez l'enfant à partir de 8 ans, parfois plus tôt chez les enfants qui coopèrent facilement. Elles sont, comme chez l'adulte, basées sur la modification de l'interprétation des soucis. Les autres techniques, comme l'exposition aux situations redoutées et l'affirmation de soi (en petit groupe) sont très utiles.

Les psychothérapies psychanalytiques sont basées sur la relation parents-enfant à partir d'un échange avec le thérapeute par la parole, mais aussi le jeu et le dessin.

### ➤ Les médicaments

Les médicaments de l'anxiété peuvent être utilisés dans certaines formes qu'il faut contrôler parce qu'elles sont handicapantes, mais dans l'immense majorité des cas, il faut tenter de s'en passer.

Le seul trouble anxieux de l'enfant où un médicament est actuellement indiqué, ce sont les TOC. Mais comme nous l'avons vu, la plupart des cas de rituels voire d'obsession et de compulsion ne doivent pas être traités par médicaments.

### ➤ Les petits moyens à la portée de tous

Il faut encourager l'enfant à pratiquer des activités qui peuvent l'aider à réduire son anxiété.

La pratique du sport permet de mieux canaliser l'anxiété et d'améliorer la confiance en soi. Tous les sports sont utiles et il faut prendre en compte les choix de l'enfant mais aussi ses possibilités. Il faut que l'enfant s'amuse, prenne du plaisir et soit motivé. Il faut l'encourager surtout à démarrer et s'intégrer dans une activité. Certains sports qui, comme le judo, enseignent l'art de mieux canaliser l'énergie, sont très bénéfiques pour les enfants. La pratique dans un club ou en compétition peut être aussi une bonne motivation et redonner confiance à l'enfant qui doute. L'activité doit être régulière et soutenue plutôt qu'intense et violente.

L'apprentissage des techniques de relaxation peut tout à fait être appliqué à l'enfant par des thérapeutes expérimentés. Les exercices seront adaptés avec une part de jeu pour faciliter l'apprentissage. La relaxation permet à l'enfant de réduire son stress et de gérer des moments aigus d'angoisse.

**QUELQUES CONSEILS AUX PARENTS**

— Ne culpabilisez pas, ne rejetez pas la faute sur les autres.
— Évitez les commentaires et les explications devant l'enfant avec d'autres adultes.
— Tentez d'être rassurant.
— Prenez un moment où l'enfant est plus calme.
— Évitez de projeter votre anxiété et de culpabiliser (« je ne sais plus comment faire avec toi »).
— Faites du renforcement positif.
— Prenez du temps.
— Favorisez les expériences de socialisation.
— Favorisez les activités sportives.
— Comprenez sa façon de raisonner, mais exprimez-lui clairement ce que vous pensez (« tu as peur que maman ne revienne pas, tu n'es pas le seul : d'autres enfants sont comme toi mais ils se font des idées »).
— Montrez-lui toujours qu'il y a une autre façon de voir les choses.
— Référez-vous aux expériences passées (« tu avais peur mais ça s'est très bien passé »).
— Si vous tentez de changer un comportement, il faut insister, accepter l'échec, recommencer et persévérer.

**EN RÉSUMÉ**

L'anxiété est normale au cours du développement de l'enfant et il faut bien distinguer l'anxiété normale et l'anxiété pathologique. Le plus souvent, l'enfant n'évoque pas son anxiété et l'exprime par des plaintes physiques, des troubles du sommeil ou des troubles du comportement, comme une opposition ou une agressivité envers l'entourage. Il existe une anxiété pathologique et des troubles anxieux chez l'enfant qu'il est utile de repérer.

# Chapitre 12

# *L'adolescent anxieux*

« Ma jeunesse ne fut qu'un ténébreux orage, Traversé ça et là par de brillants soleils. »

Charles BAUDELAIRE, *Les Fleurs du mal.*

## Quels sont les principaux signes d'alarme ?

L'anxiété est très fréquente chez les adolescents. Plus on avance en âge, plus l'anxiété va s'exprimer de la même façon que chez l'adulte et on retrouvera les mêmes signes d'anxiété et les mêmes troubles que dans l'anxiété généralisée. Cependant, l'anxiété de l'adolescent peut apparaître de façon déguisée. Chez la fille, ce sont souvent des signes physiques (baisse de tension, tétanie, spasmophilie, fatigue…) et chez le garçon, des comportements qui peuvent le mettre en danger (violences, alcool, drogue…).

Les stress sont spécifiques à cette période de la vie, marquée par de nombreux doutes et changements (ne pas être à la hauteur, parler en public, être évalué ou jugé par les autres, être rejeté, échouer à l'école, dans les relations sentimentales…).

**LES MASQUES DE L'ANXIÉTÉ CHEZ LES ADOLESCENTS ET LES JEUNES**

— Les crises de tétanie et de spasmophilie.
— Le manque de confiance en soi : « je ne réussirai jamais ».
— Le manque d'estime de soi : « je ne m'aime pas ».
— Le doute sur son physique, sur le jugement des autres : « je suis moche ».
— La peur de tout rater : « je suis nul » (étude, vie sentimentale…).
— La peur de ne pas trouver le bonheur.
— Des manifestations psychosomatiques (herpès, colopathies…).
— Les prises d'alcool et de drogues.
— La peur de ne pas être à la hauteur.
— L'opposition et les comportements violents.
— Les comportements de dangers.

## *Ma fille fait de la spasmophilie*

*Annabelle vient d'entrer en terminale. Elle s'inquiète déjà et se demande ce qu'il arriverait si elle ratait son bac. Ses parents essaient de la rassurer, mais elle leur dit qu'ils ne peuvent pas comprendre. Ça fait déjà au moins deux ans qu'elle ressent un petit mal-être et qu'elle s'angoisse pour tout. Elle ne se trouve pas assez bien, perd ses moyens facilement et elle est sou-*

*vent fatiguée. Elle s'énerve dès que ça ne va pas et, comme sa mère le dit, elle est si sensible que lorsque quelque chose la touche, elle ne sait pas se défendre. Sa mère l'a déjà amenée consulter plusieurs médecins parce qu'elle a parfois des vertiges, des fourmillements, des contractures et des bouffées de chaleur. Depuis un mois, elle a fait plusieurs crises de spasmophilie : elle s'est rendue plusieurs fois à l'infirmerie et on a dû la ramener chez elle. Sa mère s'inquiète et ne sait pas quoi faire.*

## ➤ Qu'appelle-t-on tétanie et spasmophilie ?

Les crises de tétanie ou de spasmophilie sont très fréquentes chez les jeunes filles : ce sont très probablement des manifestations aiguës d'anxiété qui s'expriment principalement par des fourmillements des mains, des pieds, autour de la bouche et des contractures des muscles. Ces signes peuvent s'associer à des vertiges, à l'impression de perdre connaissance, ainsi qu'à des signes cardiaques et respiratoires. Aucun examen complémentaire n'est utile.

Il fut un temps où l'on proposait un électromyogramme qui en fait n'apporte strictement rien, car le diagnostic est fait uniquement par la clinique. Les dosages de magnésium et de calcium dans le sang ne sont d'aucune utilité parce qu'ils sont soumis à trop de variations et bien souvent, il n'y a pas de carence. Les manifestations s'estompent avec l'âge. La relaxation et l'apprentissage du contrôle de la respiration par une respiration abdominale sont très utiles.

### ➤ Que faire face à une crise de tétanie ou de spasmophilie ?

L'entourage ne doit pas s'affoler, mais doit rassurer l'adolescente et surtout la mettre au calme en attendant la fin de la crise qui peut, dans certains cas, être assez agitée (pleurs).

Vous pouvez également lui apprendre à respirer en pinçant légèrement les lèvres ou en mettant la main devant sa bouche pour éviter l'hyperventilation qui ne fait qu'aggraver les signes, plutôt que de respirer très fort ou de prendre un « grand bol d'air ».

En dernier recours, si la crise ne passe pas, une benzodiazépine à laisser fondre sous la langue pourra être utile.

Le traitement anxiolytique doit être évité en traitement prolongé après la crise.

> Il faut que l'adolescente comprenne bien ce qui lui est arrivé et apprenne à contrôler sa crise toute seule. Et surtout, bien que ces crises soient très désagréables, il ne faut pas en avoir peur car elles ne sont ni dangereuses ni graves pour la santé.

## *Ma fille n'a pas confiance en elle*

*Angélique vient d'entrer en fac de droit et loge dans une petite chambre au sein de la cité universitaire. Elle ne s'y plaît pas, elle ne connaît personne. Ses parents lui manquent, elle les appelle tous les soirs, mais elle ne veut pas les inquiéter et elle ne leur dit rien. Elle se couche parfois l'après-midi et se met à pleurer tellement elle est angoissée. Elle voudrait réussir et être heureuse, mais elle n'a pas beaucoup confiance en elle. Elle se dévalorise et trouve que les autres filles à la fac sont plus à l'aise et mieux qu'elle. Angélique refuse les sorties et préfère travailler. Elle est trop sensible lorsqu'on lui dit quelque chose. Elle se méfie beaucoup des garçons qui, selon elle, ne pensent qu'à une chose. Mais elle voudrait bien être moins anxieuse et vivre comme les autres filles de son âge.*

Le jeune anxieux a du mal à en parler et parfois, il ne comprend pas ce qui lui arrive. Beaucoup se posent de nombreuses questions sur leur avenir et ressentent un véritable mal-être. C'est aussi l'époque des grands changements qui vont faire passer l'adolescent vers le monde des adultes. La découverte de l'amour et de la sexualité peut être redoutée, de peur de ne pas être à la hauteur.

**➤ Comment avoir plus confiance en soi**

• La confiance se gagne peu à peu, grâce aux expériences de vie : éviter ne sert à rien.

• Ne placez pas la barre trop haut dans tout ce que vous faites.

• Il faut s'accepter tel que l'on est, mais changer les choses qui ne vont pas.

• Il vaut mieux agir que subir.

• Pour l'entourage (parents, grands-parents, amis), il faut savoir encourager et renforcer les efforts.

## Mon fils s'énerve pour tout

*Jonathan, 15 ans, a toujours été un garçon anxieux, mais ne posait jamais de problème ni à l'école ni à la maison. Depuis cette année, son comportement a changé : il s'est mis à fumer des cigarettes et de temps en temps, du cannabis avec les copains. Il a déjà été ivre lors d'une soirée et a dérapé dans le fossé avec son scooter. Lui si calme auparavant est devenu irritable et s'énerve pour des petites choses. Ses parents ne veulent plus qu'il sorte, mais ils savent que ce n'est pas une solution et qu'on ne peut pas tout lui interdire. Ils sentent bien qu'il est mal dans sa peau, mais comment l'aider ?*

Chez le garçon, l'anxiété peut s'exprimer par des conduites pouvant être dangereuses comme l'alcool ou la vitesse. C'est une façon de conjurer son angoisse : ces conduites lui donnent l'illusion, de courte durée, de soulager l'anxiété mais en fait, elles ne font que l'aggraver.

Il faut dialoguer au maximum et tenter de pointer avec lui son problème d'anxiété.

## Elle est très émotive

*Barbara, 16 ans, est très sensible, surtout aux injustices qui surviennent dans le monde. Elle voudrait s'engager dans de grandes causes pour aider les autres, mais son émotivité l'en empêche pour l'instant. Dès que quelque chose d'important se présente dans sa vie, elle prend cela tellement à cœur qu'elle devient très anxieuse et perd ses moyens. C'est parfois l'engrenage et à partir d'une petite contrariété, elle ira jusqu'aux larmes. À l'inverse, elle s'est emballée très vite quand elle a rencontré un garçon, mais cela n'a duré qu'un mois. Après, cela n'a pas été fort pendant trois mois...*

Les émotions, même si elles sont positives, vont déclencher, lorsqu'elles deviennent trop fortes, de l'anxiété. C'est ce qui arrive à des êtres très sensibles. Cela se traduira par des manifestations physiques habituelles : le cœur qui bat très fort mais aussi les larmes et parfois les crises de nerfs.

## Il ne veut plus aller au lycée

*José ne va plus au lycée depuis qu'un matin, on l'a ramené chez lui de l'école parce qu'il avait fait un malaise. Il doit suivre des cours par correspondance, sinon il prendrait trop de retard. Ses parents ne comprennent pas : il sort avec ses copains, il s'amuse, mais dès qu'il se retrouve devant l'école, il ne peut pas y entrer : il est comme terrorisé. Ils sont très inquiets pour son année scolaire et se demandent quand il va revenir au lycée.*

Le refus scolaire anxieux ne touche pas seulement les jeunes enfants. Certains adolescents sont soudainement pris par une angoisse lorsqu'ils sont en classe, ce qui peut, en quelques semaines, les éloigner définitivement du lycée.

Le refus scolaire peut traduire une anxiété de séparation chez l'adolescent. Dans d'autres cas, l'anxiété semble exprimer un mal-être que l'adolescent ne parvient pas à verbaliser et qui s'exprime par un blocage vis-à-vis de l'école.

## Comment l'anxiété s'exprime chez l'adolescent

L'anxiété généralisée est le trouble anxieux le plus fréquent chez l'adolescent et les signes ont certaines particularités.

| LES SOUCIS | LES SIGNES PHYSIQUES | LES COMPORTEMENTS | LES ÉMOTIONS |
|---|---|---|---|
| Centrés sur les études, le travail, l'avenir, la peur de ne pas réussir, ne pas être aimé… Peuvent-être masqués et se traduire par un malaise diffus existentiel avec des doutes sur le monde, la politique. | Les manifestations aiguës sont très fréquentes chez l'ado comme l'attaque de panique, les crises de tétanie et de spasmophilie, les petits troubles alimentaires (grignotages, hyperphagie…). | Agressivité, crises de nerfs. Opposition aux parents, à l'école, à la société. Désintérêt pour les études. Tabac, alcool, drogues. Conduites identitaires (piercing, look, style de vie, musique). | Manque de confiance en soi. Mauvaise image de soi (complexe sur son physique, son apparence…). |

### *Comment va-t-elle évoluer ?*

Dans une grande majorité de cas, l'anxiété généralisée va régresser spontanément. Il y aura bien entendu un risque de rechute et d'évolution vers un autre trouble anxieux : c'est la raison pour laquelle il est important de la soigner.

## Le stress chez les jeunes

### *La pression des examens*

*Antony passe son bac cette année ; il n'a pas arrêté d'y penser pendant l'année et cela l'a pas mal perturbé. Il est fatigué, tout l'ennuie : on a l'impression que beaucoup de choses n'ont pas d'importance. Il est complètement absorbé par les épreuves qu'il craint énormément, alors que ses résultats ont toujours été bons et qu'il n'y a aucune raison pour que cela ne marche pas.*

Les examens constituent le stress majeur de beaucoup d'adolescents : il est vrai que la réussite au bac ou à un concours est très importante pour leur vie future. Quand le stress commence à envahir la vie de votre adolescent et qu'il est négatif sur ses résultats, c'est à ce moment-là qu'il faut agir.

**CONSEILS UTILES AVANT LA PRÉPARATION À UN EXAMEN OU UN CONCOURS**

*Une bonne organisation de son temps :*
— Planifier, avoir une vue d'ensemble du travail à fournir.
— Ménager des temps de détente nécessaires pour « recharger les batteries ».
— Ne pas trop bousculer ses rythmes habituels.
— Travailler plus en qualité qu'en quantité, et surtout régulièrement.

*Une bonne préparation psychologique :*
— Avoir l'épreuve pour seul objectif sans se perdre sur ce que l'on va faire si…
— Ne pas s'isoler ni se battre contre soi-même ou le monde entier.
— Connaître ses points faibles et les travailler.
— Partager avec d'autres (révisions).
— Les moments de lassitude sont habituels : il faut les accepter.

*Pour les parents :*
Le stress des examens et des concours peut retentir sur le comportement de l'ado. Il devient irritable, nerveux, il n'accepte plus les règles de la famille (horaire des repas) ; il se centre sur lui et les choses extérieures ne le concernent pas. Dans la mesure du raisonnable, il faut faire preuve d'une certaine souplesse et ne pas s'arrêter sur ce qui n'a pas beaucoup d'importance.

## *Réussir à tout prix*

*Aurore a réussi brillamment à poursuivre ses études tout en menant une préparation de championne de tennis. Depuis le début de l'année, ses résultats sco-*

*laires et sportifs se sont dégradés sans aucune raison apparente. La pression est telle qu'elle se pose plein de questions et voit d'autres filles la dépasser. Depuis le début de la saison, elle a perdu beaucoup de matchs faciles, n'arrivant pas à se concentrer. Le tennis est toute sa vie, elle s'accroche mais se pose beaucoup de questions. Elle ne veut pas entendre parler des études, si elle ne réussissait pas. Elle d'habitude si rayonnante, est tendue et stressée : on ne la reconnaît pas.*

Certains moments sont éprouvants chez les jeunes qui veulent réussir dans un domaine. Il faut de plus en plus s'investir « à fond », et il est difficile de mener de front son activité et les études. Le doute peut s'installer quand l'adolescent ne réussit plus comme avant : il n'a pas, comme d'autres jeunes de son âge, d'autres pôles de vie auxquels se raccrocher. Il s'est surinvesti dans son activité, ayant mis « tous ses œufs dans le même panier ».

### ➤ Ce qui peut l'aider dans ses moments difficiles

• Ces moments de doute sont une bonne occasion pour évoluer et découvrir d'autres choses plutôt que de ruminer sur ses échecs.

• Il faut savoir se réorienter et à nouveau, s'investir progressivement dans une autre activité. L'adolescent doit petit à petit faire le deuil de son rêve et accepter de ne pas devenir un champion ou une célébrité de la chanson ou du cinéma.

• L'attitude des parents doit être proche sans être trop pesante. C'est le cas pour beaucoup de parents qui ont un rôle de *coach* et qui se sont investis à fond dans la réussite de leur enfant. Ils ont souvent du mal à cacher leur déception et y voient un échec personnel.

• Vous pouvez l'aider à surmonter les moments de creux les plus difficiles et l'encourager à être persévérant, ce qui dans certains cas se révélera payant.

## *Les conflits familiaux*

*Aurélie, 17 ans, est en conflit permanent avec sa mère depuis le divorce de ses parents. Tout est prétexte à dispute, et l'ambiance familiale est très tendue. Sa mère reconnaît que sa fille ne va pas bien, mais elle ne peut pas la laisser arrêter le lycée et aller traîner avec ses copains.*

Les conflits sont très fréquents entre l'adolescent et ses parents : ils sont source d'anxiété pour tout le monde. L'ado a le sentiment d'être incompris, et les parents se sentent dépassés et impuissants.

Le problème central est souvent la *communication,* chacun campant sur ses positions et ses points de vue, aucun ne voulant entendre les positions de l'autre.

> Laissez l'ado s'exprimer sur ce qu'il pense ou ce qu'il ressent.
> Ne l'accrochez pas systématiquement sur des petites choses.
> Mettez un cadre, acceptez le conflit et n'abandonnez pas votre rôle de parent.

# Comment aider l'adolescent

*« J'ai compris par moi-même. Mes parents n'arrêtaient pas de me dire de rester calme. Moi j'y pouvais rien, c'était plus fort que moi. »*
*« Il voulait rien entendre à tout ce qu'on lui disait, et puis maintenant ça va mieux. »*

## *Accepter et comprendre la souffrance*

Souvent, l'adolescent anxieux ne veut pas reconnaître qu'il ne va pas bien (« c'est rien, t'inquiète pas »), et il refuse l'aide des parents. Il peut avoir honte de l'absurdité de son problème. Les filles néanmoins parlent plus facilement de leurs angoisses que les garçons.

Il faut que l'adolescent comprenne et accepte qu'il souffre de stress et d'anxiété, que ce n'est pas une tare, qu'il n'est pas le seul, que ça fait partie de lui, mais aussi que l'on peut améliorer les choses.

Les relations avec l'ado peuvent être difficiles : il veut à la fois de l'aide, de la réassurance et s'en sortir seul. Les différents membres de la famille peuvent être impliqués et les problèmes de communication peuvent se généraliser à toute la cellule familiale.

Les parents doivent essayer, tout en maintenant un cadre structurant, de maintenir un dialogue qui pourra s'adapter à la maturité du jeune.

## *Soigner ?*

Si votre enfant doit consulter, il faut qu'il aille voir un médecin ou un psy seul : si vous l'accompagnez, laissez-le entrer seul en consultation. Ce qui n'empêche pas de rencontrer ensemble le psy plus tard.

Les psychothérapies sont utiles, mais il est nécessaire que l'adolescent l'accepte et se sente impliqué. Les adolescents ont souvent plus de facilités à adhérer aux thérapies cognitives et comportementales qu'à d'autres formes de thérapie.

> Attention aux tranquillisants et aux antidépresseurs de plus en plus consommés par les jeunes. On note une consommation très importante chez les jeunes filles, faisant courir le risque d'une dépendance. Lorsqu'ils sont nécessaires, les antidépresseurs peuvent être prescrits à partir de 15 ans dans l'anxiété généralisée si elle entraîne une véritable gêne.

# *En conclusion*

*« J'ai pu faire le lien entre mes angoisses et ce que je me disais, alors qu'avant je ne m'en rendais pas compte. »*

Vous en savez certainement plus sur le stress et l'anxiété après avoir lu ce livre et vous savez que vous pouvez apprendre à mieux les gérer. Vous avez décidé de passer à l'action : il vous faut adopter un nouveau comportement, une autre façon de penser. Il vous faut accepter de changer des choses importantes, tout en restant vous-même. Vous devez comprendre comment l'anxiété s'est progressivement installée dans votre vie.

Sachez qu'on ne peut pas toujours la supprimer totalement et qu'il faut apprendre à la maîtriser le plus possible. Analysez-vous et fixez-vous des objectifs pour être plus efficace. Si ce n'est pas suffisant, faites-vous aider. Il n'y a aucun traitement miracle mais tous les moyens à votre portée peuvent vous aider à avancer un peu. Les médicaments soulagent, mais il ne faut pas tomber dans l'abus. La psychothérapie est une aide précieuse. Les thérapies cognitives et comportementales sont recommandées tant pour l'anxiété que la gestion du stress. D'autres psychothérapies sont parfois utiles pour mieux se connaître et se comprendre. D'autres méthodes, comme la relaxation sont aussi des compléments utiles.

Pour les parents, il n'est pas facile de voir souffrir ses enfants et il faut prendre le recul suffisant afin de les aider.

J'espère que ce guide aidera le plus grand nombre de stressés et d'anxieux de tout âge et qu'il fera la preuve que dans bien des cas, on peut s'en sortir par soi-même.

# Annexes

# *Fiche d'information sur l'anxiété généralisée*

**VOUS SOUFFREZ D'UN TROUBLE ANXIÉTÉ GÉNÉRALISÉE (TAG)**

*À quoi cela correspond ?*

Les symptômes dont vous souffrez sont peut-être en lien avec un état d'anxiété dont nous avons déjà parlé. Comme beaucoup de personnes, vous vous faites des soucis pour des choses qui parfois n'en valent pas la peine. Vous voyez tout de suite le danger et la menace avant même qu'ils n'arrivent. Vous vous rendez bien compte que ces ruminations ne servent à rien, mais il vous est difficile de vous en débarrasser. Cet état anxieux s'accompagne de beaucoup de signes physiques et de troubles du sommeil ou même de fatigue. On appelle cette forme d'anxiété, l'*anxiété généralisée* car elle dure dans le temps et touche beaucoup de situations de la vie. De nombreuses personnes souffrent du même problème que vous. Même si ce problème peut paraître sans gravité par rapport à d'autres problèmes médicaux, il entraîne une gêne et un handicap dans la vie de tous les jours.

*Que peut-on faire ?*
L'anxiété généralisée est souvent un problème ancien et qui dure. De plus, plusieurs facteurs interviennent. On peut penser que certaines personnes sont plus fragiles que d'autres mais il y a aussi le rôle des événements extérieurs. Cependant, il est indéniable que tout le monde peut apprendre à contrôler son anxiété et améliorer sa vie quotidienne. Pour cela, il faut modifier un certain nombre de paramètres. N'oubliez pas que vous êtes l'acteur principal de ce changement, qu'il n'y a pas de remède miracle, qu'il faut parfois être patient et que c'est avec le temps que les choses vont s'améliorer. Certains médicaments peuvent vous aider à passer ce cap difficile, mais il ne faut pas oublier d'autres techniques psychologiques. Les médicaments aujourd'hui recommandés sont certains anxiolytiques antidépresseurs. Ils entraînent moins de problèmes de dépendance que les benzodiazépines dont les Français sont les plus grands consommateurs au monde. Les psychothérapies cognitives et comportementales ont donné de bons résultats dans l'anxiété et sont un complément utile pour limiter l'utilisation des médicaments.

*Qu'est-ce qu'une TCC ?*
Les thérapies cognitives et comportementales sont des thérapies basées sur le contrôle des symptômes physiques de l'anxiété (relaxation), la modification des pensées et des croyances anxieuses (thérapie cognitive) et de certains comportements et émotions également liés à l'anxiété. Il s'agit d'une thérapie où votre participation et votre désir de changement sont indispensables. Votre thérapeute agit comme un guide et il est nécessaire de faire certains exercices entre les séances pour continuer à progresser par soi-même. Elles durent en général plusieurs mois.

# *Comment pratiquer la relaxation*

Il est assez difficile d'apprendre seul la relaxation. Avec l'aide d'un relaxologue, vous pourrez facilement apprendre la base de la relaxation utile à la gestion du stress et de l'anxiété en quelques séances. Ensuite, il vous sera facile de progresser par vous-même en reproduisant ces exercices de relaxation musculaire.

## 1er exercice

Vous vous installez confortablement sur une chaise, les pieds bien posés sur le sol sans trop vous appuyer sur le dossier de la chaise, le dos bien droit et les épaules bien détendues. Vous allez fermer les yeux et rester ainsi calmement pendant quelques secondes.

Vous allez serrer le poing droit fortement pendant quelques secondes… Puis vous relâchez et vous laissez les muscles de la main et de l'avant-bras se détendre, pendant un temps beaucoup plus long que celui de la contraction. Vous laissez bien les muscles se relâcher et les fibres musculaires se détendre.

Vous allez maintenant, sans serrer le poing, en laissant la main ouverte, contracter le biceps en fléchissant votre avant-bras sur votre bras… Relâchez maintenant les muscles en reposant votre main droite sur votre cuisse droite.

Étendez ensuite l'avant-bras droit en mettant le dos de votre main sur votre genou, et contractez le triceps fortement, puis relâchez, et laissez bien les muscles se détendre et se relâcher, en reprenant votre position de relaxation, les mains posées sur vos cuisses… Vous ressentez déjà des sensations nouvelles, vous pouvez commencer à percevoir un état de détente et de relaxation, par rapport à tout à l'heure et au côté opposé que vous allez contracter et décontracter à son tour.

Comme vous venez de le faire du côté droit, vous allez maintenant contracter le membre supérieur gauche. Serrez le poing gauche fortement… Ouvrez le poing et décontractez-vous, relâchez-vous et laissez bien les muscles se détendre… Vous pouvez retrouver la sensation de détente que vous avez perçue du côté droit… Contractez le biceps gauche sans serrer le poing fortement… Décontractez et laissez les muscles se détendre pendant quelques secondes… Étendez l'avant-bras gauche, laissez les muscles se détendre… Vous relâchez et vous reprenez votre position de départ, les mains posées sur vos cuisses. Vous commencez à ressentir l'état de relaxation de vos poings, de vos avant-bras et de vos bras et, pendant quelques secondes, vous allez bien prendre conscience de l'état de détente musculaire de vos deux membres supérieurs…

Votre attention va maintenant se fixer sur les muscles du visage que vous allez contracter puis relaxer les uns après les autres, comme vous venez de le faire pour les membres supérieurs. Vous relâchez et vous laissez bien les muscles du front, les tempes, les muscles autour des yeux, se détendre et se relâcher… Pour contracter les muscles du front, tout en gardant les yeux fermés, vous allez élever les sourcils… Détendez en laissant tomber les sourcils… Maintenant, au contraire, froncez les sourcils… Puis vous relâchez et vous laissez bien aller les muscles du visage, du front, des tempes, les muscles autour des yeux, les pommettes, les joues… Contractez la mâchoire en serrant les dents… puis décontractez… Pressez votre langue contre votre palais en maintenant les lèvres serrées… Décontractez… Mettez les lèvres serrées l'une contre l'autre, comme si vous faisiez la moue… Puis laissez les muscles autour de la bouche bien se détendre… Mettez la tête en arrière, aussi loin que vous le pouvez, puis détendez… Baissez la tête et pressez le menton vers votre poitrine, puis décontractez en reprenant votre position initiale… Haussez les épaules jusqu'à vos oreilles, puis laissez tomber les épaules comme dans un soupir… Haussez à nouveau les épaules et dessinez avec elles plusieurs petits cercles dans le vide, puis laissez tomber les épaules comme dans un soupir… Votre attention se fixe maintenant sur votre respiration : vous constatez que vous avez des mouvements de la poitrine, ce sont des mouvements volontaires lorsqu'elle se soulève et des mouvements involontaires lorsqu'elle retombe… Vous allez bien prendre conscience des mouvements de votre poitrine au cours de deux ou trois respirations… C'est votre respiration habituelle… Elle est calme, profonde, régulière et tranquille, et vous allez ainsi continuer à respirer calmement pendant toute la durée de l'exercice.

Vous prenez bien conscience de votre état de relaxation musculaire et de détente des poings, des avant-bras, des bras, des muscles de votre visage, du cou, des épaules et du haut du dos… pendant quelques secondes, vous prenez bien conscience de votre état de relaxation et de détente de la partie supérieure de votre corps…

Vous allez maintenant amorcer la reprise qui va vous amener à reprendre contact avec l'extérieur. Vous allez faire cette reprise à votre rythme, sans vous presser. Vous rouvrirez les yeux lorsque vous le souhaiterez… Vous pouvez, pour vous aider, bouger doucement les doigts, puis l'ensemble du corps… Vous pouvez même vous étirer si vous le souhaitez… Cette première séance d'apprentissage de la relaxation est maintenant terminée, vous pouvez dès lors vous entraîner tous les jours et refaire cet exercice pendant au moins une semaine.

## 2e exercice

Vous vous installez confortablement sur une chaise, dans la même position que pour le premier exercice de relaxation, le dos bien droit, les pieds posés sur le sol et les mains qui reposent sur les cuisses. Nous allons refaire le premier exercice, que vous connaissez bien maintenant, mais cette fois-ci un peu plus vite et nous enchaînerons avec la contraction-décontraction des membres inférieurs, pour obtenir un état de relaxation de l'ensemble du corps.

Serrez le poing droit : vous sentez une tension dans le poing et l'avant-bras… décontractez le poing. Tendez le biceps en gardant la main relaxée… décontractez… étendez. Serrez maintenant le poing gauche… décontractez le poing. Tendez le biceps en gardant la main relaxée… décontractez. Laissez tomber les épaules. Plissez le front en élevant les sourcils… décontractez. Au contraire, froncez les sourcils… décontractez. Contractez les muscles autour des yeux… décontractez. Contractez les mâchoires en serrant les dents… décontractez. Mettez les lèvres serrées l'une contre l'autre, comme si vous faisiez la moue… décontractez. Baissez la tête en pressant le menton contre votre poitrine… décontractez. Haussez les épaules jusqu'à vos oreilles… puis laissez bien retomber vos épaules. Haussez les épaules à nouveau et dessinez avec elles plusieurs cercles dans le vide… puis laissez tomber les épaules, comme dans un soupir…

Vous allez fixer votre attention sur votre respiration. Vous respirez calmement et régulièrement et vous allez prendre conscience de deux ou trois mouvements respiratoires des mouvements de votre poitrine et de votre ventre.

Vous allez maintenant contracter les muscles du ventre : poussez au niveau du ventre… décontractez. Courbez le bas du dos, à distance du bas de la chaise… décontractez. Serrez les fesses et les mollets en pressant les talons sur le sol et en gardant les jambes raides… décontractez. Tendez les mollets en pressant les pieds et les orteils en bas… décontractez. Tendez les tibias en mettant les pieds et les orteils en haut… décontractez… Vous continuez à respirer calmement et régulièrement et vous allez bien prendre conscience de l'état de détente et de relaxation de l'ensemble de votre corps… Vous allez maintenant, comme vous en avez l'habitude, à votre rythme, amorcer la reprise.

## 3e exercice

Le but de cet exercice est de réduire le temps pour se relaxer. Vous allez tout de suite fermer les yeux… Respirez calmement et régulièrement. Vous allez vous sentir de plus en plus relaxé au cours de la respiration… Relaxez votre front, vos sourcils, vos paupières, votre mâchoire, votre langue et votre gorge… Relaxez bien l'ensemble de votre visage… Maintenant, relaxez votre nuque, vos épaules, vos bras et l'ensemble des muscles, jusqu'à l'extrémité de vos doigts… Continuez à respirer calmement et régulièrement… Fixez votre attention sur les mouvements de votre poitrine et de votre ventre, prenez ainsi conscience de deux ou trois cycles respiratoires… Laissez une sensation de bien-être gagner votre ventre, la taille et le dos… puis relaxez la partie inférieure de votre corps, les fesses, les cuisses, les genoux, les mollets, les pieds et tous les muscles en suivant le trajet jusqu'à l'extrémité des orteils… Respirez calmement, de façon régulière, et sentez comme vous vous relaxez de plus en plus à chaque respiration… Inspirez profondément et bloquez pendant quelques secondes… Expirez l'air lentement… Remarquez que vous vous relaxez de plus en plus profondément… Vous allez, pendant quelques secondes, bien prendre conscience de votre état de détente et de relaxation... Vous allez maintenant amorcer la reprise.

## 4e exercice

Vous allez refaire seul l'exercice de la dernière séance et bien décontracter l'ensemble des muscles, un par un, afin d'obtenir un état de détente et de relaxation de l'ensemble de votre corps.

Vous êtes parvenu maintenant à un état de relaxation... Vous allez alors inspirer fortement, puis bien relaxer vos muscles quand vous expirerez : inspirez... relaxez... inspirez... relaxez... inspirez... relaxez... inspirez... relaxez... inspirez... relaxez... Vous allez maintenant continuer seul, quatre à cinq fois, à inspirer puis relaxer et, pendant quelques secondes, bien prendre conscience de votre état de relaxation et de détente... Vous pouvez maintenant effectuer la reprise.

## 5e exercice

Le but principal de cet exercice est d'apprendre à se relaxer durant les activités de tous les jours et pas simplement assis sur une chaise. Beaucoup d'activités, comme la station debout, nécessitent une tension de certains groupes musculaires. Le but de cet exercice est d'apprendre comment éviter les tensions inutiles des muscles qui ne sont pas nécessaires pour une activité particulière. Vous refaites seul l'exercice précédent, pour obtenir un état de détente et de relaxation. Puis vous allez bouger certaines parties de votre corps, en maintenant relaxé le reste du corps. Vous allez tout d'abord ouvrir les yeux et regarder autour de la pièce sans bouger la tête… Levez un bras pendant que vous maintenez le reste du corps relaxé, puis levez une jambe. Pendant cet exercice, vous examinez attentivement la partie du corps qui entre en tension et vous relaxez toutes les autres parties qui ne sont pas impliquées dans le mouvement. Si vous avez des difficultés pour relaxer un groupe musculaire, vous refaites l'exercice. Après avoir pratiqué l'exercice assis sur une chaise, vous pouvez le faire assis devant un bureau ou une table puis, par la suite, le réaliser tout en écrivant ou en tenant un téléphone. Ensuite, vous pouvez pratiquer l'exercice debout ou en marchant. La pratique quotidienne de l'exercice est nécessaire avant de passer à l'étape suivante. Ainsi, au fur et à mesure de l'entraînement, vous pourrez vous relaxer en un temps de plus en plus court et utiliser la relaxation musculaire dans les situations de la vie de tous les jours et face à des manifestations anxieuses.

## La relaxation dans la vie de tous les jours

Vous allez utiliser des mini-relaxations que l'on peut induire très rapidement. Remémorez-vous les sensations ressenties lors des exercices précédents. Aidez-vous en vous concentrant sur un groupe musculaire, en imaginant l'état de relaxation, ou en utilisant un mot évoquant le calme, la détente, le bien-être ou encore l'image agréable d'un lieu que vous avez déjà imaginée durant une relaxation. Vous pouvez

**FICHE D'AUTOÉVALUATION DE LA RELAXATION**

Semaine du… au…
Évaluez votre niveau de détente et de concentration sur une échelle de 0 à 8 (0 : pas du tout à 8 : très bon) lors de 2 exercices quotidiens

| **Date** | **exercice** | **niveau de détente** | **concentration durant l'exercice** |
|---|---|---|---|
| | **1**<br>**2** | | |
| | **1**<br>**2** | | |
| | **1**<br>**2** | | |
| | **1**<br>**2** | | |
| | **1**<br>**2** | | |
| | **1**<br>**2** | | |
| | **1**<br>**2** | | |

Remarques :

également vous concentrer sur votre respiration lente et régulière et passer en revue toutes les parties de votre corps. Pratiquez et revoyez régulièrement les exercices pour acquérir cette mini-relaxation.

Exercez-vous en suivant cet ordre :

— en dehors des situations anxiogènes, chez soi au calme,
— dans les activités de la vie de tous les jours,
— dans les situations de stress et d'anxiété.

# *Petit lexique du stress et de l'anxiété*

**Adrénaline** : hormone du stress sécrétée par la glande surrénale qui va jouer un rôle important dans la réaction au stress en accélérant le rythme cardiaque et en permettant d'agir.

**Anxiété généralisée** : l'anxiété généralisée (trouble anxiété généralisée : TAG) est une maladie anxieuse que l'on pourrait appeler « maladie des inquiétudes ». Elle se caractérise par une tendance à se faire des soucis excessifs et incontrôlables à propos de tous les aspects de la vie quotidienne et à imaginer systématiquement que le pire pourrait arriver : si un proche est en retard, on pense tout de suite à un accident grave ; si un enfant travaille mal à l'école, on l'imagine devenir chômeur ou délinquant, etc.

**Anxiété ou angoisse** : contrairement à l'anglais (*anxiety*) et à l'allemand (*Angst*) où il existe un seul mot, en français deux mots, anxiété et angoisse, désignent à peu près la même chose. Angoisse vient du latin *ango* désignant un passage étroit, et anxiété a pour racine *anxio*. On a longtemps pensé que l'angoisse était un trouble physique qui se traduisait par une sensation de serrement,

d'étouffement, et que l'anxiété était un trouble psychique qui se traduisait plus par un sentiment d'insécurité indéfinissable. En fait, si on se réfère au symptôme psychologique, que l'on utilise le terme anxiété ou angoisse, les manifestations physiques et psychologiques vont ensemble et ne peuvent être dissociées.
L'anxiété pourrait être rattachée au doute et à l'inquiétude alors que l'angoisse fait référence à un concept existentiel et un conflit plus intime de l'être. Il n'est pas pareil de se dire anxieux sur son avenir ou angoissé à ce sujet.

**Benzodiazépines** : les benzodiazépines ont été les premiers anxiolytiques commercialisés (le Librium puis le Valium). Ces produits ont eu un succès considérable et restent encore aujourd'hui parmi les médicaments les plus consommés. Il existe aujourd'hui une vingtaine de molécules commercialisées en France. Elles ont une bonne sécurité d'utilisation mais en revanche un inconvénient majeur : le phénomène de dépendance. Leur effet est potentialisé avec l'alcool et d'autres substances sédatives avec lesquels il ne faut pas les associer, surtout pour la conduite automobile. Aujourd'hui l'ANAES (l'Agence nationale d'accréditation et d'évaluation en santé) recommande de limiter l'utilisation des benzodiazépines sur la durée et aux cas où l'anxiété est transitoire.

***Coping*** : deux psychologues américains, Richard Lazarus et Suzan Folkman, définissent le *coping* comme « l'ensemble des efforts cognitifs et comportementaux destinés à maîtriser, réduire ou tolérer les exigences internes ou externes qui menacent ou dépassent les ressources de l'individu ». Deux fonctions du *coping* ont été identifiées : la régulation de la détresse émotionnelle et la gestion du problème à l'origine de cette détresse.

**DSM-IV** : 4e édition du *Manuel Diagnostique et Statistique des troubles mentaux*. Système de classification de l'Association américaine de psychiatrie. Utilisé par les professionnels pour repérer avec précision les troubles et pour la recherche.

**Intolérance à l'incertitude** : c'est la base du modèle du trouble de l'anxiété généralisée proposée par une équipe de chercheurs québécois. L'intolérance à l'incertitude est définie comme la tendance excessive à considérer inacceptable la possibilité, si minime soit-elle, qu'un événement négatif puisse se produire. Les auteurs proposent de comprendre ce modèle en termes « d'allergie à l'incertitude ». Les personnes anxieuses auraient une forte réaction à une petite dose de danger et la tendance à s'inquiéter est comparée à une allergie psychologique. On peut être intolérant à l'incertitude face à la santé par exemple et plus tolérant à l'incertitude face à des problèmes financiers. La thérapie cognitive et comportementale vise à aider à mieux tolérer l'incertitude.

**Gestion du stress** : regroupe différentes techniques cognitives et comportementales dont le but est d'agir sur les facteurs de stress (résolution de problème), et de contrôler la réaction anxieuse dans ses dimensions physiques, psychologiques et comportementales (gestion du temps, gestion des émotions et l'affirmation de soi). Les techniques de gestion du stress sont proposées sous forme de module individuel ou parfois en groupe durant 8 à 12 séances. L'intérêt de ces techniques est aujourd'hui reconnu dans le traitement de l'anxiété et dans la prévention de la rechute de problème de santé comme l'infarctus du myocarde.

**Tempérament et personnalité anxieuse** : le tempérament serait à la base de nos réactions émotionnelles face aux événements de la vie. À partir du tempérament qui en est le fondement inné et biologique se développe notre personnalité qui va être influencée par les événements que nous vivons, notre éducation et va construire une véritable façon d'être au monde.

**Peur et anxiété** : « Tous les hommes ont peur. Tous. Celui qui n'a pas peur n'est pas normal ; ça n'a rien à voir avec le courage » écrivait Jean-Paul Sartre, montrant bien que la peur est une émotion ressentie par tous face au danger. La peur et l'anxiété sont des émotions très proches. La peur est une réaction immédiate face à une menace réelle alors que l'anxiété survient sans raison apparente ou est disproportionnée. On utilise souvent pour parler d'anxiété le terme de « peur sans objet ».

**Souci** : le dictionnaire *Le Robert* définit le souci comme un « état de l'esprit qui est absorbé par un objet et que cette préoccupation inquiète ou trouble jusqu'à la souffrance morale ».

**Stress** : mot emprunté à la langue anglaise en 1950. Au XIX^e^ siècle, il a le sens d'épreuve, d'affliction. Provient de *distress*, mot anglais du XVIII^e^ siècle, qui signifiait aussi affliction.
*Distress* est issu en fait de *detrece* qui signifiait en ancien français « passage étroit », qui provient lui-même du latin classique *stringere* : serrer, resserrer.

# *Les adresses utiles*

## Associations scientifiques

**➤ AFTA**

**Association française de troubles anxieux**

Président : Pr Jean-Philippe Boulenger (CHU de Montpellier)
www.afta-anxiete.org

**➤ AFTCC**

**Association française de thérapie comportementale et cognitive**

100, rue de la Santé — 75674 Paris Cedex 14
Tél. : 01 45 88 78 60
Fax : 01 45 89 55 66
e-mail : aftcc@wanadoo.fr
site Internet : htpp:perso.wanadoo.fr/aftcc

**➤ AFFORTHECC**
**Association francophone de formation et de recherche en thérapie comportementale et cognitive**
10, avenue de Gantin — 74150 Rumilly
Tél. : 04 50 01 49 80
Fax : 04 50 64 58 46
e-mail : afforthecc@aol.com
site Internet : htpp:user. aol.com/afforthecc

**➤ ATAQ**
**Association troubles anxieux du Québec**

Groupe de professionnels œuvrant dans le domaine des troubles anxieux et de ses comorbidités dans le but d'une collaboration au niveau des soins, de l'enseignement, de la recherche, de la formation médicale et de l'information du public.
CP 49018, Montréal (Québec) H1N3T6
Tél. : (514) 251-0 à 83

## Associations de patients

### *Mediagora*

L'association de celles et ceux qui souffrent de phobies et d'anxiété : mediagora@nordnet.fr

**➤ Médiagora Lille**
Maison de quartier du Vieux-Lille
24, rue des Archives — 59800 Lille
Tél. : 03 20 98 44 93 (du lundi au vendredi)
Tél. : 03 20 06 17 22 (le samedi matin)

### ➤ Médiagora Paris et région parisienne

E-mail : mediagora@free.fr
Site : http://mediagora@free.fr
Tél. : 01 43 31 42 79

### ➤ Médiagora Rouen et sa région

Maison des jeunes et de la culture,
Place des Faïenciers — 76100 Rouen
Tél. : 02 32 81 53 60

### ➤ Médiagora Lyon et sa région

Maison communale des Bruyères
55, boulevard des Provinces — 69110 Sainte-Foyes-les-Lyon

### ➤ Médiagora Alès et sa région

29, rue Ampère — 30100 Alès
Tél. : 04 66 56 85 14

# *Bibliographie pratique*


## ➤ Sur le stress

ALBERT E., *Comment devenir un bon stressé*, Odile Jacob, 1994.

ANDRE C., LEGERON P., LELORD F., *Le Stress*, Privat, 1998.

CHNEIWEISS L., TANNEAU E., *Vivre sans stress. 50 méthodes, 250 produits, 250 adresses*, Le cavalier bleu Pratique, 2002.

CUNGI C., *Savoir gérer son stress*, Retz, 1998.

GEORGE G., *Ces enfants malades du stress*, Anne Carrière, 2001.

LEGERON P., *Le Stress au travail*, Odile Jacob, 2002.

SERVANT D., *La Gestion du stress*, Masson (à paraître en 2004).

## ➤ Sur l'anxiété

ALBERT E., CHNEIWEISS L., *L'Anxiété*, Odile Jacob, 2003.

ANDRE C., LEGERON P., *La Peur des autres*, Odile Jacob, 2000.

ANDRE C., MUZO, *Petites angoisses et grosses phobies*, Seuil, 2002.

BRACONNIER A., *Petit ou grand anxieux*, Odile Jacob, 2002.

ELLIS A., *Dominez votre anxiété avant qu'elle vous domine*, Éditions de l'Homme, 1999.

HALLOWELL E., *Comment contrôler l'inquiétude et l'utiliser efficacement*, Éditions de l'Homme, 1998.

LADOUCEUR R., MARCHAND A., BOISVERT J.-M., *Les Troubles anxieux*, Masson, 1999.

MARTIN-GEHL C., *Les Troubles anxieux de l'enfant. Dépister et traiter*, Masson, 2003.

SERVANT D., *Attaques de panique et agoraphobie*, Masson, 2001.

SERVANT D., *Soigner les phobies sociales*, Masson, 2002.

### ➤ Sur les techniques et les thérapies

FANGET F., *Affirmez vous !*, Odile Jacob, nouvelle édition, 2002.

YOUNG J.E., KLOSKO J.S., *Je réinvente ma vie*, Éditions de l'Homme, 1995.

# *Références scientifiques*

AKISKAL H.S., Toward a definition of generalized anxiety disorder as an anxious temperament type, *Acta Psychiatr. Scand.*, 1998, (suppl. 393) : 66-73.

ANAES (Agence nationale d'accréditation et d'évaluation en santé), « Diagnostic et prise en charge en ambulatoire du trouble anxieux généralisé de l'adulte », Recommandation pour la pratique clinique, mars 2002.

Association américaine de psychiatrie DSM-IV, *Manuel diagnostique et statistique des troubles mentaux*, 4e édition, *Diagnostic and Statistical Manual of Mental Disorders*, 4th edn (1994), American-Psychiatric Press, Washington, DC.

BARLOW D.H., *Anxiety and its Disorders, the Nature and Treatment of Anxiety and Panic*, Guilford Press, 1988.

BARLOW D.H., LEHMAN C.L., « Advance in the psychosocial treatment of anxiety disorders », *Arch. Gen. Psychiatry*, 1996, 53 : 727-735.

BECK A.T., EMERY G., *Anxiety Disorders and Phobias : A Cognitive Perspective*, New York, Basic Book, 1985.

BOUCHARD S., TAYLOR S., COX B. *et al.*, « Anxiety disorder » (chap. 7, p. 151-184), in W. Marshall et P. Firestone (eds), *Abnormal Psychology. Perspective*, Prentice Hall.

BOURGEOIS M., « Défense et coping dans l'adaptation », in *Le Trouble de l'adaptation avec anxiété,* M. Ferreri eds Spinger-Verlag, 1999, p. 11-22.

BOURIN M., BOUGEROL T., GUITTON B. *et al.*, « A combinaison of plant estracts in the treatment of outpatients with adjustment disorder with anxious mood : controlled study versus placebo », *Fundam Clin. Pharmacol.*, 1997, 11 : 127-132.

BOWLBY J., *Attachement et perte : la séparation, angoisse et colère,* PUF, 1978.

BUREAU INTERNATIONAL DU TRAVAIL, « Le stress dans le monde du travail. Le travail dans le monde », 1993.

COMMISSION EUROPÉENNE, *Manuel d'orientation sur le stress lié au travail « Piment de la vie … ou coup fatal ? »*, Direction générale de l'Emploi et des Affaires sociales, 2000, p. 100.

DANTZER R., « Stress et immunité », *Act. Med. Int. Psychiatrie,* 1998, (15), 206 : 3578-3581.

DESCARTES R., *Les Passions de l'âme,* Le Livre de poche, 1990.

DURHAM R.C., FISCHER P.L., TRELIVING L.R. *et al.*, « One year follow-up of cognitive therapy, analytic psychotherapy and anxiety management training for generalized anxiety disorder : symptom change, medication usage and attitudes to treatment », *Behav. Cogn. Psychoter.*, 1999 ; 27 : 19-35.

ÖST L.G., BREITHOLTZ E., « Applied relaxation vs cognitive therapy in the treatment of generalized anxiety disorder », *Behav. Res. Ther.*, 2000, 38 : 777-790.

FEIGHNER J.P., COHN J.B., « Analysis of individual symptoms in generalized anxiety a pooled, multistudy, double-blind evaluation of buspirone », *Neuropsychobiology,* 1989 ; 21 : 124-130.

FINCH A.E., LAMBERT M.J., BROWN G.J., « Attacking anxiety : a naturalistic study of a multimedia self-help program », *J. Clin. Psychol.*, 2000 ; 56 : 11-21.

FISHER P.L., DURHAM R.C., « Recovery rates in generalized anxiety disorder following psychological therapy : an analysis of clinically significant change in the STAI-T across outcome studies since 1990 », *Psychol. Med.*, 1999 ; 29 : 1425-1434.

GOULD R.A., OTTO M.W., POLLACK M.H. *et al.*, « Cognitive behavioral and pharmacological treatment of generalized anxiety disorder : a preliminary meta- analysis », *Behav. Ther.*, 1997 ; 28 : 285-305.

GORWOOD P., « L'anxiété est-elle héréditaire ? », *L'Encéphale*, 1998 ; XXIV : 252-255.

GOSSELIN P., DUGAS M.J., LADOUCEUR R., FREESTON M.H., « Évaluation des inquiétudes : validation d'une traduction française du Penn State Worry Questionnaire », *L'Encéphale*, 2001, 27 : 475-484.

LADOUCEUR R., DUGAS M.J., « Le trouble d'anxiété généralisée », in *Les Troubles anxieux. Approche cognitive et comportementale*, Ladouceur R., Marchand A., Boisvert J.-M., Masson, 1999, p. 31-57.

LECRUBIER Y., SHEEHAN D., WEILLER E. et coll., « The Mini International Neuropsychiatric Interview (MINI) a short diagnostic structured interview : reliability and validity according to the CIDI », *Eur. Psychiatry*, 1997, 12 : 224-231.

LLORCA P.M., SPADONE C., SOL O., DANNIAU A., BOUGEROL T., CORRUBLE E., FARUCH M., MAZCHER J.P., SERMET E., SERVANT D., « Efficacy and safety of hydroxyzine in the treatment of generalized anxiety disorder : a 3-month double blind study », *J. Clin. Psychiatry*, 2002, 63 (11) : 1020-1027.

KANDEL E., « From metapsychology to molecular biology : explorations into the nature of anxiety », *Am. J. Psychiatry*, 1983, 140 : 1277-1293.

KIERKEGAARD S., *Le Concept de l'angoisse*, Gallimard, 1990.

LEPINE J.-P., LELLOUCH J., « Étude épidémiologique des troubles dépressifs et anxieux dans une population générale », *Ann. Med. Psychol.*, 1993, 151, 9 : 618-623.

LEPINE J.P., « The epidemiology of anxiety disorders : prevalence and societal costs », *J. Clin. Psychiatry*, 2002, 63 (suppl. 14) : 4-8.

MARTIN C., « L'enfant anxieux le reste-t-il à l'âge adulte », *L'Encéphale*, 1998, XXIV : 242-246.

PELISSOLO A., BOYER P., LEPINE J.-P., BISSERBE J.-C., « Épidémiologie de la consommation des anxiolytiques et des hypnotiques en France et dans le monde », *L'Encéphale*, 1996 ; 22 : 187-196.

PELISSOLO A., « Anxiété : personnalité, style de vie ou maladie », *L'Encéphale*, 1998, XXIV : 247-251.

PELISSOLO A., « Diagnostic et évaluation de l'anxiété généralisée », in *Le Trouble anxiété généralisée*, Lemperière T., eds Prid Acanthe, Masson, 2002.

RICKELS K., POLLACK M.H., SHEEHAN D.V., HASKINS J.T., « Efficacy of extended-release Venlafaxine in nondepressed », *Am. J. Psychiatry*, 2000 ; 157 : 968-974.

RICKELS K., ZANINELLI R., MCCAFFERTY J., BELLEW K., IYENGAR M., SHEEHAN D. « Paroxetine treatment of generalized anxiety disorder : a double-blind, placebo-controlled study », *Am. J. Psychiatry* 2003 ; 160(4) : 749-756.

SAUTERAUD A., « Souci normal et pathologique : ses liens avec le trouble anxieux généralisé », *Confrontations psychiatriques*, 1995, 36 : 15-26.

SEMAAN W., HERGUETTA T., BLOCH J. *et al.*, « Études transversales de la prévalence du trouble de l'adaptation avec anxiété en médecine générale », *L'Encéphale*, 2001, XXVII : 238-244.

SERVANT D., PARQUET P.-J., *Stress, anxiété et pathologies médicales*, Masson, 1995.

SERVANT D., « Quel rôle joue l'environnement psychosocial dans l'anxiété ? », *L'Encéphale*, 1998, XXIV : 235-241.

SERVANT D., P.L. GRAZIANI, MOYSE D. *et al* (1999), « Traitement du trouble de l'adaptation avec anxiété : évaluation de l'efficacité et de la tolérance de l'Étifoxine par un essai en double aveugle », *L'Encéphale*, XXIV : 569-574.

SERVANT D., « Psychothérapies de l'anxiété généralisée », in *Le Trouble anxiété généralisée*, T. Lemperière eds. Acanthe, Masson, 2003.

SORBY N.G., REAVLEY W., HUBER J.W., « Self help programme for anxiety in general practice : controlled trial of an anxiety management booklet », *Br. J. Gen. Pract.*, 1991 ; 41 : 417-420.

WHITE J., « "Stress control" large group therapy for generalized anxiety disorder : Two year follow-up », *Behav. Cognitive Psychoter*, 1998 ; 26 : 237-245.

WITTCHEN H.U., HOYER J., « Generalized anxiety disorder : nature and course », *J. Clin. Psychiatry*, 2001, 62 (suppl. 11) : 15-21.

YONKERS K.A., WARSHAW M.G., MASSION A.O., KELLER M.B., « Phenomenology and course of generalized anxiety disorder », *Br. J. Psychiatry*, 1996 ; 168 : 308-313.

# *Remerciements*

À mes patients.

Aux membres et aux bénévoles de l'association Médiagora et à sa présidente.

À tous les psychiatres, psychologues ainsi qu'à tous ceux qui m'ont aidé depuis près de quinze ans à faire vivre l'unité Stress et Anxiété au CHU de Lille.

À mes amis cofondateurs de l'Association française des troubles anxieux.

À Christophe André pour sa confiance.

À Catherine Meyer pour ses précieux conseils et sa clairvoyance.

À ma mère pour ses encouragements.

À ma femme et mes trois garçons pour leur patience.

DANS LA COLLECTION « POCHES PRATIQUE »

N° 1 : Dr Henri-Jean Aubin, Dr Patrick Dupont, Pr Gilbert Lagrue, *Comment arrêter de fumer ?*
N° 2 : Dr Serge Renaud, *Régime santé, régime crétois*
N° 3 : Dr Dominique Petithory, *La Diététique de la longévité*
N° 4 : Dr Anne de Kervasdoué, *Les Troubles des règles*
N° 5 : Dr Philippe Brenot, Dr Suzanne Képes, *Relaxation et Sexualité*
N° 6 : Dr Jean-Philippe Zermati, *Maigrir sans régime*
N° 7 : Dominique Laty, Dr Jean-Bernard Mallet, *Le Régime des pâtes*
N° 8 : Dr Martine Ohresser, *Bourdonnements et sifflements d'oreille*
N° 9 : Dr Bernard Fleury, Dr Chantal Hausser-Hauw, Marie-Frédérique Bacqué, *Comment ne plus ronfler*
N° 10 : Dr Denis Vincent, Dr Lucile Bensignor-Clavel, *Rhume des foins et allergies*
N° 11 : Dr Vincent Boggio, *Que faire ? Mon enfant est trop gros*
N° 12 : Dr Gégard Apfeldorfer, *Maigrir, c'est fou !*
N° 13 : Dr Thierry Vincent, *L'Anorexie*
N° 14 : Pr Pierre Duroux, Pr Michel de Boucaud, Marie-Dominique Le Borgne, *Mieux vivre avec l'asthme*
N° 15 : Dr Éric Albert, *Comment devenir un bon stressé*
N° 16 : Dr Bernard Duplan, Dr Marc Marty, *Bien soigner le mal de dos*
N° 17 : Pr Gérard Slama, *Mieux vivre avec un diabète*
N° 18 : Didier Pleux, *Manuel d'éducation à l'usage des parents d'aujourd'hui*
N° 19 : Stephen et Marianne Garber, Robyn Spizman, *Les peurs de votre enfant*
N° 20 : Dr Patrick Gepner, *L'Ostéoporose*
N° 21 : Dr Dominique Barbier, *La Dépression*
N° 22 : Dr Henri Rozenbaum, *La Ménopause heureuse*
N° 23 : Dr Jacques Fricker, *Maigrir vite et bien*
N° 24 : Dr Claude Hamonet, *Prévenir et guérir le mal de dos*
N° 25 : Dr Frédéric Fanget, *Affirmez-vous, pour mieux vivre avec les autres*
N° 26 : Dr Sylvie Royant-Parola, *Comment retrouver le sommeil par soi-même*
N° 27 : Dr Didier Pleux, *Peut mieux faire. Remotiver son enfant à l'école*
N° 28 : Dr Dominique Servant, *Soigner le stress et l'anxiété par soi-même*

Ouvrage proposé par
Christophe André

Ouvrage publié sous la responsabilité éditoriale
de Catherine Meyer

Cet ouvrage a été transcodé et mis en pages
chez Nord Compo (Villeneuve-d'Ascq)

*Impression réalisée par*

CPI
Brodard & Taupin

La Flèche (Sarthe), le 31-10-2008
N° d'impression : 49921
N° d'édition : 7381-2054-1
Dépôt légal : février 2008

*Imprimé en France*

Ouvrage publié sous la responsabilité éditoriale
de Catherine Meyer

Cet ouvrage a été transcodé et mis en pages
chez Nord Compo (Villeneuve-d'Ascq)

Impression réalisée par

CPI

Brodard & Taupin

La Flèche (Sarthe), le 31-10-20[illegible]
N° d'impression : 46021
N° d'édition : 7381-2054-1
Dépôt légal : février 2008

Imprimé en France